AF555261

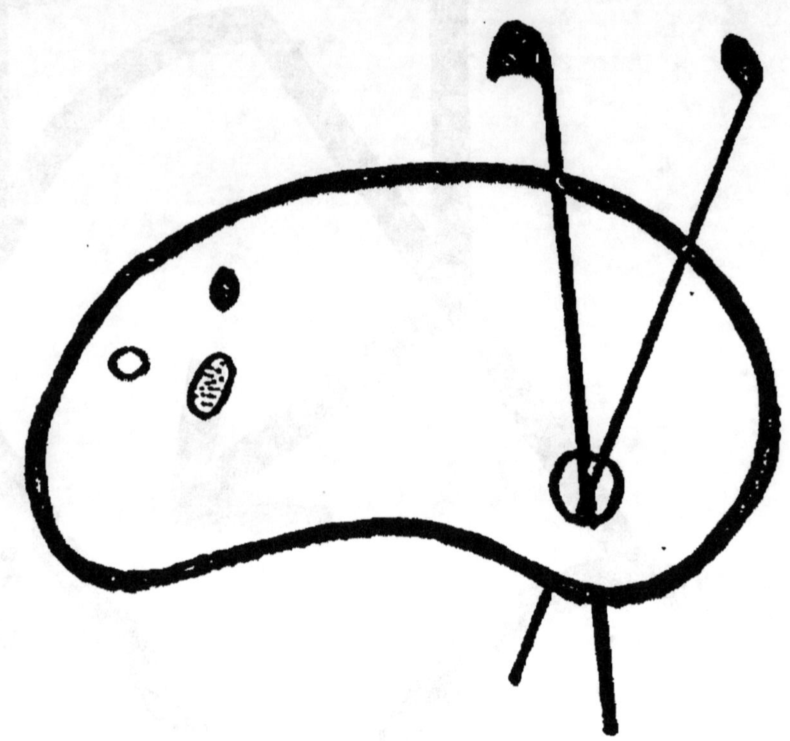

DEBUT D'UNE SERIE DE DOCUMENTS
EN COULEUR

OCTAVE DOSSOT

COINS DE BRETAGNE

BERNAY
[illegible] VILLE, ÉDITEUR [illegible]
[illegible]

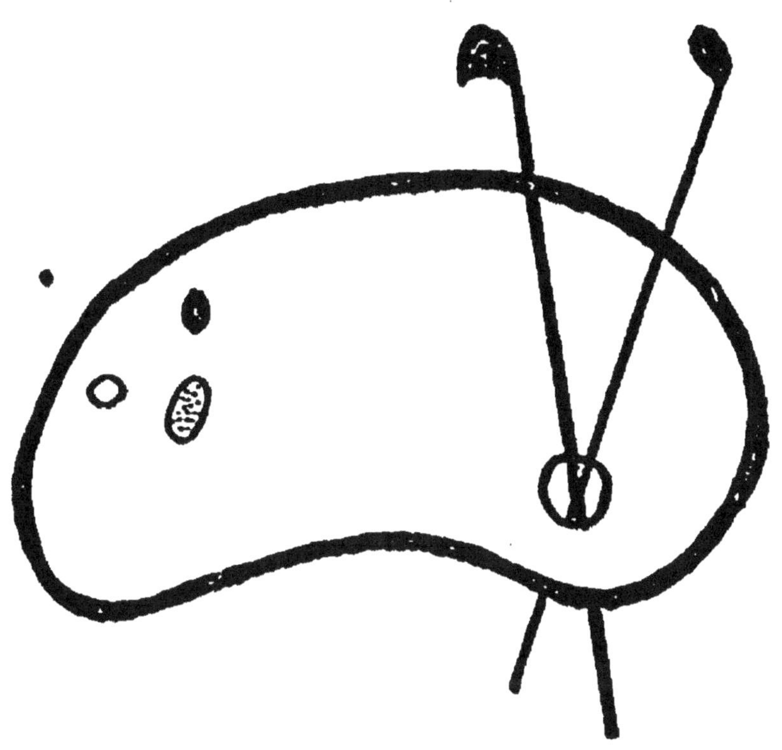

FIN D'UNE SERIE DE DOCUMENTS
EN COULEUR

COINS DE BRETAGNE

COINS DE BRETAGNE

UNE lueur rose... c'est l'aurore.

Toute la nuit le train a roulé, gravissant les côtes, disparaissant sous les tunnels, longeant les bois, franchissant les rivières, traversant les prairies, laissant au loin les villes, les villages, les hautes cheminées d'usine, les humbles clochers des églises...

Doucement, les voyageurs sommeillent, bercés par le mouvement monotone des roues et le grondement de la machine, entraînés par le monstre qui fuit avec un bruit semblant sortir de l'enfer.

Le bruit grandit : le colosse d'acier roule maintenant avec un fracas de tonnerre sur la terre de granit.

Peu à peu, au-dessus des talus plantés d'arbres touffus, le ciel se devine derrière les nuages gris-bleu, l'horizon s'élargit, le jour commence.

A présent, on voit très bien les fusains géants qui ressemblent à des chênes et les croix blanches qui sont peintes sur les fermes aux larges toitures ; on aperçoit même la route qui serpente tout là-bas, sur le flanc des coteaux, et les oiseaux effrayés qui s'échappent des buissons épineux.

Le soleil se lève.

Oh! le beau paysage! comme on serait heureux de vivre ici! De l'or, partout de l'or. La lande est en fleurs, des sentiers bordés de bruyères conduisent à une chaumière que cachent des sapins rabougris, une haie d'aubépine dissimule un troupeau qui repose encore : c'est la Bretagne, le pays des druides, le pays du gui sacré.

La Bretagne... terre aux croyances religieuses, terre aux légendes naïves et touchantes, que ton nom évoque de souvenirs! Sois bénie pour les moments inoubliables que nous avons passés sur ton sol qui sera peut-être un jour le dernier refuge de la foi, pour les heures heureuses que nous y avons vécues et qui compteront parmi les plus belles de nos voyages.

La Bretagne n'a pas échappé à la lente évolution qui modernise les races et accomplit son œuvre de progrès et d'humanité : c'est pourquoi le costume breton devient de plus en plus rare et qu'il tend chaque jour à disparaître davantage. A Rennes, Saint-Malo, Dinan, on le cherche déjà ; à Nantes, il n'existe plus.

Les bretonnes ont mieux conservé les traditions léguées par leurs aïeules.

C'est dans la basse Bretagne, dans la Bretagne bretonnante, qu'il faut aller pour rencontrer des jeunes filles vendant leur chevelure afin d'augmenter leur maigre dot ; c'est tout au fond de cette vieille province qu'il faut se rendre pour trouver le vrai Breton, simple et confiant, avec son langage et ses vêtements d'autrefois ; c'est là seulement qu'il est permis d'étudier cette contrée qui semble vouloir rester mystérieuse et qui, malgré les tendances actuelles, est restée fidèle aux coutumes et aux usages créés depuis tant de siècles. Et si l'on désire mieux comprendre ce qu'était cette race rude et dure, cette race vaillante et superstitieuse, il faut s'avancer dans les bourgades éloignées pour surprendre le paysan à genoux au pied d'un calvaire et égrenant son chapelet en suivant la procession; il faut le voir un lourd pen-baz à la main conduisant ses bestiaux à la foire et se reposant dans les genets à l'ombre d'un antique manoir; il faut le regarder sur le bord de la mer contemplant les vagues qui viennent mourir en mousse neigeuse à ses pieds, et surtout le suivre à l'un des nombreux pardons qui ont lieu chaque année dans les villages perdus dans la lande. Ces jours-là les hommes s'amusent comme de grands enfants, les femmes mettent leurs plus beaux costumes, les jeunes gens dansent des rondes autour des dolmens et des menhirs qu'éclaire la lueur des feux des ajoncs piquants. Celui qui n'a pas assisté à l'une de ces touchantes réunions ne peut dire qu'il connait la Bretagne : il pourra l'avoir parcourue dans toutes les directions, il n'en aura pas senti tressaillir le cœur.

La Bretagne, battue par les flots dans les trois quarts de ses limites, est la plus importante région maritime de notre pays; à part quelques rares parties où se cachent des plages charmantes et recherchées, on peut dire que ses côtes sont hérissées de rochers inabordables, de falaises déchirées, de grottes obscures, de blocs énormes qui rendent les naufrages fréquents et les malheurs inévitables. Nombreuses sont les croix que l'on rencontre dans les cimetières sur lesquelles les veuves relisent en pleurant les mots qu'elles ont fait graver : « Perdu en mer », « Disparu en Islande ».

Pauvres femmes! chaque dimanche, au sortir de

la messe, elles s'arrêtent près d'une tombe sans cercueil et, par l'imagination, revoient l'être aimé faisant un suprême effort au milieu des vagues prêtes à l'engloutir, jetant à tous un dernier adieu, envoyant sa dernière pensée à ceux qui l'attendent et qui ne le reverront jamais. Elles attendirent longtemps, des semaines, des mois, espérant toujours... puis, quand elles eurent compris, ce fut la crise de larmes et les scènes de désespoir. Elles s'habillèrent alors de noir et firent bénir un coin de terre où, depuis cette époque, elles viennent régulièrement prier, n'ayant même pas la triste consolation de déposer des fleurs à la place où repose leur époux, le père de leurs enfants.

Nous avions décidé de débuter par le mont Saint-Michel, bien qu'il fît partie de la Normandie.

Voici pourquoi :

Ce pays appartenait autrefois à la Bretagne, mais à la suite de divers mouvements du terrain, le Couesnon qui sépare les deux provinces changea de cours et le mont alla enrichir l'immense domaine des ducs de Normandie. C'est donc en souvenir de son origine que nous avons commencé par la célèbre abbaye qui, placée en sentinelle avancée, fut longtemps gardienne de l'entrée de la Bretagne.

Avant d'être un ilot, le mont faisait partie du continent.

Il en fut détaché par un affaissement du sol et par un tremblement de terre qui eurent, comme conséquence, la disparition de la forêt de Scissy et de plusieurs villages. Depuis, par un juste retour des choses, la mer répare ce qu'elle a détruit. Chaque jour, avec la marée, les vagues apportent des débris arrachés aux falaises qu'elles déposent en se retirant et rehaussent petit à petit les terrains qu'elle a conquis ; dans une quinzaine d'années, l'ilot sera de nouveau rattaché à la terre.

Il faut quitter le chemin de fer à Pontorson et prendre un tramway à vapeur pour aller, au mont Saint-Michel, visiter le plus beau monument archéologique que possède la France.

La contrée que l'on suit est calme et silencieuse. On pourrait même dire qu'à certains moments son aspect est plutôt mélancolique, presque triste, surtout lorsqu'elle est recouverte de tangue grise, une sorte d'engrais que les cultivateurs retirent de la mer.

Bientôt, à travers la brume, le mont apparait comme une masse confuse et indécise, puis se dessine dans ses détails qui deviennent de plus en plus distincts à mesure que l'on approche.

Le village est soudé au rocher, et derrière lui, s'étageant au-dessus, une muraille soutient la forteresse, le château domine le village, l'église surmonte le château.

Jadis, la traversée à marée basse était fatigante et quelquefois dangereuse ; aussi, des passeurs offraient-ils aux pèlerins leurs robustes épaules pour les transporter avec leurs bagages.

Avant la création de la digue, le mont Saint-Michel vu du rivage était merveilleux, mais en voulant le rendre plus accessible aux touristes, on lui enleva son caractère de grandeur qu'on retrouve cependant en se faisant conduire en barque sur son autre face.

Cette digue eut une mésaventure.

Quand elle fut achevée, la Commission des monuments historiques refusa de laisser percer les remparts ou elle aboutit, de sorte que le service des ponts et chaussées dut consluire une passerelle pour lui donner une issue et la faire communiquer avec l'unique porte qui existe.

Elle date de 1880.

En descendant de voiture, les voyageurs sont assaillis par les cris des commissionnaires qui veulent s'emparer de leurs bagages.

— Hôtel Poulard.

— Madame veuve Poulard.

— Poulard aîné.

L'omelette Poulard a une renommée universelle, et l'on peut dire qu'elle a contribué à la fortune de cette famille dont les membres s'arrachent les excursionnistes à l'arrivée des tramways.

Bien que le mont Saint-Michel n'ait que 900 mètres de tour et une population de 210 habitants composée surtout d'hôteliers et de pêcheurs, sa place fut grande dans l'histoire. Il y joua le triple rôle de monastère, de château-fort et de prison d'Etat.

La réputation du monastère était telle que saint Louis vint trois fois à ses célèbres pèlerinages, et qu'à l'un d'eux, il créa un ordre de chevalerie militaire longtemps considéré comme le plus important du royaume. Quant à la forteresse, elle résista victorieusement aux attaques des Anglais, mais elle fut prise par les huguenots contre lesquels elle eut à lutter à différentes reprises.

La ville se compose d'une rue unique formée de maisons du Moyen Age.

On entre par la porte du Roi et l'on arrive rapidement à la tour du Guet, à l'église et au logis de Tiphaine, femme de Duguesclin. L'extrémité de la rue aboutit au mur d'enceinte flanqué de tours, de tourelles, d'échauguettes et de bastions d'où l'on découvre un des plus beaux panoramas qui existent sur les côtes bretonnes. Au loin, on devine Cancale; plus près, la petite île de Tombelaine ressemble à épave perdue au milieu de la mer.

Il faudrait tout un volume pour décrire l'abbaye qu'on atteint après avoir monté 322 marches ; nous n'en dirons que quelques mots seulement, ne voulant même pas effleurer ce sujet traité d'ailleurs de main de maître par de nombreux érudits.

Entre deux tours formant donjon, une vaste entrée conduit à la salle des Gardes, où tout visiteur, sauf le roi, devait déposer les armes. Vauban considérait la Merveille — partie du monastère élevée au nord de la ville — comme le plus étonnant monument qui existait alors. C'est dans cette construction gigantesque que se trouvent l'importante salle des Chevaliers, le promenoir des moines dominant la mer de cent mètres, l'immense roue que les prisonniers tournaient en marchant pour monter les provisions, le charnier devant lequel on ne passe qu'en tremblant, et la crypte d'Aquilon, d'un aspect saisissant, qui servit de modèle au décor de l'acte des Nonnes dans *Robert le Diable*.

De sombres couloirs conduisent aux cachots.

Il est difficile de se défendre d'un sentiment de pitié lorsqu'on regarde l'étroite prison où fut enfermé Raspail, la cellule où Barbès écrivit *L'Eternité sur les Astres*, et surtout l'in-pace où fut jeté Blanqui, un affreux réduit où l'air ne pénètre qu'avec peine et où l'on n'entre qu'en se baissant. C'est aussi avec un frisson et une sensation pénible qu'on avance vers la cage de fer, cavité pratiquée dans un mur qui reçut Dubourg coupable d'une pièce de vers contre Louis XV. Quand on s'aperçut de sa mort, les rats mangeaient son cadavre.

Un seul homme s'échappa de ces prisons : ce fut Colombat, un artiste peintre dont on utilisait les talents pour la décoration de la chapelle. Il s'évada par une ouverture servant à l'écoulement des eaux. Une fois, en préparant sa fuite, il se trouva en présence d'une oubliette ; il y descendit à l'aide d'une corde et aperçut des squelettes jetés les uns sur les autres ou attachés au mur par des carcans de fer. Il tarde de revenir au jour, à la lumière.

Cinquante mille personnes visitent annuellement l'abbaye, et bien que l'entrée soit gratuite, donnent plus de vingt mille francs de pourboires au gardien.

Quand l'île sommeille et que les vagues se brisent sur le rocher, il est impressionnant de regarder l'imposant édifice qui se profile dans la nuit et dessine des ombres parfois fantastiques. La pensée se reporte à l'époque lointaine où le monastère était puissant et redouté. Elle croit voir les grands abbés faisant lâcher les chiens de guerre pour aller annoncer la présence des ennemis, écoutant le pas des sentinelles qui veillent sur le chemin de ronde, regardant la procession des pèlerins dont les chants se meurent à mesure que les files s'éloignent.

Celui qui va au mont Saint-Michel doit assister à l'arrivée de la marée et, si le temps le permet, au lever du soleil.

La baie de Cancale donne lieu à l'un des spectacles les plus extraordinaires qui se produisent sur le globe : la mer se retire de 20 kilomètres alors que son reflux n'est que de 200 mètres à Royan, de 2 mètres à Gibraltar et de 60 centimètres à Venise. Quand elle revient, sa vitesse est de 18 kilomètres à l'heure, un cheval au galop ne la suivrait pas.

La rapidité avec laquelle l'eau arrive, surtout à l'équinoxe, provient du peu de profondeur de la mer. Si son niveau baissait de cent mètres, la mer du Nord et la Manche n'existeraient plus, l'Angleterre serait reliée à la France.

Il faut être prudent sur cette grève, non seulement à cause du flot qui peut surprendre, mais aussi pour les lises qui s'y forment et qui engloutissent les promeneurs imprudents ou les pêcheurs égarés. Leur présence est cependant facile à reconnaître. Là où elles se trouvent, la surface est unie au lieu d'être recouverte de rides que forment les vagues en se retirant.

Les hôtels ont fait élever des annexes : les maisons blanche, rouge, verte, qui forment un véritable contraste avec les anciennes constructions qui les entourent. Le soir, avant de partir dans leur chambre, les touristes reçoivent des lanternes vénitiennes afin que l'air, toujours vif, n'éteigne pas les lumières pendant le trajet. Rien n'est moins banal que de regarder les voyageurs munis de leurs ballons lumineux, gravir les nombreuses marches qui se perdent peu à peu dans l'obscurité ; ils font songer à une joyeuse farandole au milieu des montagnes.

Faute de place dans les hôtels, nous avions été logé dans une maison particulière et, malgré nos recommandations, nous faillîmes ne pas assister au lever du soleil.

Le lendemain matin, nous fûmes brusquement arrachés de notre sommeil par notre hôte, un maçon travaillant à l'abbaye.

— Hâtez-vous, criait-il en heurtant violemment à notre porte, vous allez être en retard.

En deux bonds nous étions hors de notre lit.

A l'horizon, une longue tache de sang se dessine

et grandit, puis les nuages s'écartent pour laisser jaillir des gerbes de feu qui colorent les ombres épaisses de la nuit et jettent les premières lueurs de l'aurore. Un cri de surprise s'échappe bientôt de nos lèvres : par un phénomène étrange, les teintes ardentes du ciel se réfléchissent sur le sable humide comme sur une glace immense, et pendant que la vision se dédouble, les rayons rouges et les flèches roses grandisent, se multiplient, se rencontrent, se croisent, se mélangent et créent des nuances incomparables. Toute la baie s'illumine alors. Des fusées et des flammes s'échappent de toutes parts, la terre et les cieux sont en feu, c'est l'incendie, l'embrasement de la nature..... Puis lentement les tons s'atténuent, les teintes s'éteignent, les étoiles pâlissent. Des flots de lumière entrent partout, c'est l'astre qui apparait radieux et éblouissant, c'est la naissance du jour.

Saint-Malo ressemble au mont Saint-Michel. Comme lui c'est un ilot, comme lui il faisait partie du continent, comme lui il est relié à la terre par une digue. Seulement l'ilot est plus grand et la digue est plus petite.

Les corsaires considéraient leur « vieux rocher » comme la cinquième partie du monde, et c'est avec orgueil que ses habitants citent aujourd'hui les noms de Surcouf, Duguay-Trouin, La Bourdonnais, Jacques Cartier, Chateaubriand, dont les œuvres et les exploits servent d'exemples à ceux qui veulent leur patrie indépendante et la désirent toujours plus grande.

L'aspect de la ville est sévère.

La porte Saint-Mathieu qui perce la ligne noire

des fortifications est commandée par le Château, un vaste carré flanqué de quatre tours au centre duquel se dresse le grand donjon servant à la défense de la cité avant la construction de la forteresse. De tous côtés Saint-Malo est entouré de remparts qui forment une admirable promenade et, de cette ceinture de pierre, le regard plonge sur les îles Césambre et de la Conchée, sur les récifs du grand et du petit Bey, sur Dinard, la plage recherchée des Anglais.

Si l'on excepte quelques curieuses constructions et l'église couronnée d'une gracieuse flèche, la ville ne possède rien de remarquable. Rarement deux voitures peuvent se croiser dans les rues qui sont étroites, tortueuses et des plus malpropres. Les maisons étant élevées sur un roc, il n'a pas été possible d'établir un service d'égout et de creuser des fosses pour les water-closets, de sorte que chaque matin on est obligé d'enlever les détritus et autres matières qui ne sont pas précisément la base de la propreté.

Saint-Malo ne pouvant s'agrandir, toute son extension s'est portée sur Saint-Servan, que sépare un bras de mer et que réunit un ingénieux pont roulant.

Saint-Servan est bâti sur l'emplacement de Saint-Pierre-d'Aleth, cité gallo-romaine dont on voit encore quelques ruines. En dehors de ces vestiges, il existe le puits des Sarrasins, creusé dans le roc, et la tour Solidor, élevée en 1382 par Jean II pour punir les Malouins en révolte contre son autorité. Il fit même graver sur la porte d'entrée : « Malo lui devait obéissance comme à son duc et souverain seigneur ».

Saint-Servan est à proximité de plusieurs stations

balnéaires très fréquentées : Dinard est la plus élégante de toutes. Construite en amphithéâtre sur une baie dont les pointes sont hérissées de falaises recouvertes de maisons luxueuses et de châteaux — Bric-à-Brac et la Malouine — elle est la plage aristocratique par excellence, la plage recherchée par la vieille noblesse bretonne.

Nous avons encore en mémoire une émotion que nous subîmes en nous rendant à cette attrayante localité.

Nous étions arrivés après le départ du dernier vapeur et nous nous étions décidés, un peu à regret, à faire la traversée sur une barque de pêche. Quoique terriens, nous éprouvions un certain charme à nous sentir bercés par les vagues quand un des deux hommes qui conduisaient s'écria brusquement :

— Gare au courant !

Notre bateau se mit à sauter d'une façon inquiétante et, instinctivement, nous saisîmes les cordages qui se trouvaient près de nous. Presque aussitôt, à la suite d'une manœuvre du froc — voile triangulaire attachée au mât de misaine et au mât de beaupré — notre barque se pencha sur le côté, et pendant quelques minutes nous eûmes la sensation d'un danger imminent. Au moment où le bord de notre canot touchait la mer, nous nous jetâmes avec frayeur sur l'extrémité opposée au grand éclat de rire de notre petit équipage. Le bateau reprit son cours et, un peu confus, nous essayâmes de plaisanter sur nos craintes exagérées, mais il nous tardait cette fois d'être arrivés au port.

Le lendemain, nous fîmes la classique excursion du cap Fréhel, le plus dangereux des Côtes-du-Nord. Nous étions partis par un temps d'une pureté parfaite. Pas un seul nuage n'apparaissait à l'horizon ; la mer, d'une belle nuance verte, était calme et brillait sous les feux du soleil. Lentement nous longions la côte et suivions des yeux les plages de Saint-Énogat, Saint-Lunaire, Saint-Briac, Lanciaux, Saint-Jacut, tout en nous intéressant au sillage du navire et au vol des mouettes, quand, après Saint-Cast, une bande de marsouins apparut à une faible distance du bord. Nous lui donnâmes la chasse pendant quelques minutes, mais nous dûmes abandonner notre poursuite afin de ne pas nous écarter du but à atteindre.

Arrivés au cap Fréhel, cet énorme morceau de granit taillé à pic, tout découpé de crevasses profondes et de cavernes où retentissent les cris rauques des oiseaux marins, les matelots jetèrent l'ancre et procédèrent au débarquement des voyageurs qui, à l'aide d'échelles de cordes, descendirent dans de longues chaloupes, abordèrent au banc d'écueils, puis escaladèrent le formidable rocher pour aller, près du phare, jouir d'une vue incomparable sur l'immensité et sur les amoncellements des blocs noirâtres rangés au bas des falaises. Nous regardions depuis quelques instants une tache d'un gris profond qui s'élargissait et envahissait le ciel, lorsque des appels répétés et précipités de la sirène donnèrent le signal du retour. Quoique difficile, la descente du rocher se fit rapidement. Aussitôt les derniers retardataires arrivés — il y en a toujours — le capitaine donna l'ordre du départ. Il paraissait inquiet. Au lieu de suivre les côtes, nous gagnâmes le large. Le vent s'était élevé, la mer avait grossi, les vagues devenaient plus fortes.

Quelques groupes s'étaient formés près du capitaine.

— Est-ce sérieux? demanda quelqu'un.
— Un simple grain, j'espère.
— Cela durera longtemps?
— Nous n'y penserons plus dans une heure.
— Pas de danger?
— Aucun.

A ce même moment le vent redoubla de violence et souffla en rafale, la pluie commença à tomber. Au loin, les côtes disparaissaient sous un épais brouillard. La mer devint bruyante, des paquets d'eau balayaient le pont, le vapeur sautait furieusement. Personne ne parlait dans les cabines où s'étaient réfugiés les passagers. On savait qu'il n'y avait rien à redouter, mais semblable à un malaise dont on ne peut se dessaisir, il subsistait une crainte que rappelaient sans cesse le cri lugubre des goëlands et le bruit des vagues qui s'écrasaient les unes sur les autres. Que de parties de plaisir joyeusement commencées se sont terminées par des scènes tragiques! les naufrages et les sinistres en mer revenaient en souvenir... Bientôt la pluie ralentit, la bourrasque cessa, une éclaircie se produisit. Avec le soleil revint la gaieté et l'oubli des moments d'inquiétude.

Entre Saint-Malo et Dinan, la Rance forme une promenade qui rivalise et dépasserait même celle du lac de Genève si elle possédait son cadre de montagnes et de glaciers. Cette capricieuse rivière dessine des lacs, des îles, des baies, des caps, des criques, et à chacun de ses tournants fait découvrir d'admirables horizons et des panoramas merveilleux. Tout captive, attire. Ce sont de coquettes maisons entourées de jardins, de jolies villas enfouies sous les fleurs, de ravissants pavillons à demi cachés derrière des rideaux de verdure, des châlets enguirlandés de plantes grimpantes, des châteaux précédés de larges avenues ombragées, des allées de tilleuls conduisant à d'élégantes gentilhommières, des séjours enchanteurs dissimulés dans des parcs superbes. Ce sont aussi des coins frais et charmants que cherche le peintre, des endroits délicieux qui retiennent l'artiste, des chemins bordés d'aubépines et de fougères, de magnifiques paysages, des sites pittoresques. Puis, des taillis, des bouquets d'arbres, des chênes noueux, des houx luisants, des cultures grasses, des champs chargés d'une riche végétation, des collines couvertes de pommiers, de riantes prairies, des vallons boisés, des blocs grisâtres, des pierres moussues, des fermes basses, des clochers, des villages.

Dès que l'on est entré dans l'estuaire de la Rance, on est en présence d'une des plus belles vues qu'on puisse rêver. Au fond, comme dans un riche décor, Saint-Malo, précédé des îlots du Bey, s'avance dans la mer, et de chaque côté de l'embouchure, large de douze cents mètres, Dinard se dresse protégé par une colossale statue de la Vierge, Saint Servan se montre défendu par son fort et gardé par la tour Solidor. On arrive vite au village de la Richardais, à la pointe Cancaval, au mont Maria, à l'écueil des Zèbres signalé par une croix. Voyez-vous cette maison isolée aux fenêtres closes? c'est l'Égorgerie. Pendant une nuit, toute une famille y fut assassinée. Le château de la Rance et des chantiers de construction font oublier ce sinistre souvenir. Le lac Suliac suit, précédé de la baie Saint-Jouan, suivi lui-même de l'île au Moine, ainsi nommée depuis qu'elle fut habitée par un ermite.

La rivière, toute sillonnée de bateaux de pêche, de barques légères et de lourds chalands, se rétrécit à la pointe Saint-Jean qui semble lui barrer le chemin ; elle passe ensuite au pied de la chapelle de Souaitié, but de pèlerinage, près du château de la Roche, aux tourelles recouvertes de lierre, et non loin de Plouer, ville de 3,000 habitants. Nous laissons derrière nous le petit port de Saint-Hubert et stoppons au Chêne-Vert, bastion entouré de falaises granitiques situé dans le bassin de Mordreuc. Voici le havre de Morgrève, la propriété du Châtelier, le pont de Lessard, la potence des Dinammâs. La vallée que nous suivons se resserre, le terme de notre excursion approche. Encore une nappe d'eau ! encore des châteaux ! encore des rochers ! Une écluse, des moulins à vent, un manoir. Enfin, Dinan sur la montagne et son élégant viaduc sur la vallée de Vaux.

Bâti sur le versant d'un promontoire qui domine la Rance de soixante-quinze mètres, Dinan fut de toute époque une place forte : elle a conservé ses hautes murailles féodales que relient toujours plusieurs portes et quatorze tours, et quand les assiégeants s'étaient emparés de ces redoutables ouvrages de défense, la dernière résistance avait lieu au château dont elle est séparée par des fossés profonds.

Ce donjon — formé de deux tours jumelles qu'on aborde par deux ponts placés à une très grande hauteur est disposé de telle façon qu'il pouvait se garder à la fois d'une attaque venant de la ville et de la campagne. Les cachots se trouvaient à la partie inférieure de la forteresse, puis, immédiatement au-dessus, en suivant l'ordre des étages, venaient la salle du duc, la chambre du connétable, la salle des gardes, la chapelle et l'oratoire. Si l'on s'en rapporte à certains chroniqueurs, c'est dans ce dernier réduit que la duchesse Anne, la future reine de France, se retirait et se recueillait pour écouter les offices. La salle d'armes et le poste du guet composaient l'étage supérieur.

C'est également dans un des cachots de ce donjon que l'on enferma Gilles de Bretagne, arraché des bras de sa jeune femme dans sa demeure du Guildo, près de Saint-Briac. Les ruines de ce château subsistent encore, mais ce ne sont plus que des tours éventrées couvertes de mousse et des murs crevassés s'écroulant dans des souterrains humides. Victime de machinations ourdies par un favori de son frère, Gilles fut arrêté en 1446 et traîné de châteaux en châteaux pendant cinq années. Comme la mort était trop lente à venir, ses ennemis tentèrent de l'empoisonner, mais sa robuste constitution ayant résisté, ils décidèrent de le laisser mourir de faim.

— « Du pain ! du pain ! criait-il par les barreaux de sa fenêtre, du pain au fils de Bretagne pour l'amour de Dieu. »

Une mendiante eut pitié de ce malheureux et lui apporta un peu d'eau et de nourriture. Pour en terminer, ses bourreaux l'étranglèrent après avoir vainement essayé de l'étouffer.

Les détails de ce triste récit se sont transmis de générations en générations, et bien des larmes ont coulé quand les grand'mères en racontaient les émouvantes péripéties pendant les veillées des longues soirées d'hiver.

La ville possède de vieilles maisons avec auvents, de vieilles demeures pourvues de marches disjointes et d'escaliers tournants qu'on monte à l'aide d'une corde attachée aux poutres du grenier. Il n'est pas un seul étranger qui n'ait traversé les intéressantes rues de l'Apport, de la Larderie et de Jerzual, surtout cette dernière, presque à pic, communiquant à l'une des portes s'ouvrant sur les fortifications. Quelques maisons aussi, construites sur d'épais piliers, forment des passages couverts.

Les dinanais sont fiers de leur tour de l'Horloge, tour épaisse surmontée d'une flèche de soixante mètres, et du portail Saint-Sauveur, église qui renferme les cœurs de Duguesclin et de sa femme Thiphaine, réunis dans un sarcophage de granit. Il ne manquent jamais de montrer un curieux bénitier soutenu par des cariatides décapitées, dont l'intérieur est garni de cannelures et de poissons en reliefs.

On éprouve une véritable désillusion lorsqu'on visite Rennes : rien ne rappelle la capitale de la Bretagne et des Redonnes. En général, toutes les villes modernes se ressemblent ; des quartiers entiers pourraient être échangés de l'une à l'autre sans en modifier la physionomie. C'est pourquoi nous ne nous y attardons pas. Volontairement nous avons fait des omissions ; nous en ferons certainement encore. Ce ne seront pas des oublis. Ce que nous recherchons en voyage, c'est le pittoresque, les beautés de la nature, les traces du passé. A Rennes, les places sont relativement grandes, les maisons hautes, les rues bien droites et bien propres. On peut dire que c'est une belle ville, mais ce n'est pas une ville intéressante. Certes, sa cathédrale est riche, sa promenade du Tabor est superbe, la plupart de ses monuments ont une valeur artistique, mais ils ne se rattachent à aucun fait qui leur crée une place dans l'histoire. Une exception cependant doit être faite en faveur du palais de justice, construit en 1651 pour les Membres du Parlement, et pour la porte Mordelaise, spécimen d'architecture militaire, sous laquelle passaient les ducs en entrant dans leur capitale.

Les Rennois se sont souvenus de ceux qui leur sont chers. Parmi les statues qu'ils ont élevées, il en est une qu'on ne doit pas manquer d'aller saluer : celle du maire Lepertit, qui résista aux ordres du farouche Carrier.

Parlons rapidement de St-Brieuc et de Morlaix. Une journée suffit pour visiter Saint-Brieuc-les-Choux, comme l'appellent les habitants des pays voisins à cause de la grosseur de ce légume qui y pousse en abondante quantité. Cette ville marque la première étape dans la Bretagne. Les larges chapeaux se montrent, les coiffes blanches deviennent nombreuses, les sabots font leur apparition.

Beaucoup de rues sinueuses, d'anciennes maisons qui avancent, reculent, et se distinguent par leurs étages soutenus par des colonnes ouvragées ou des piliers sculptés. Dans la rue Houvenagle une rue peu recommandable on remarque une construction dont la porte et la fenêtre sont placées sous un même cintre ne dépassant pas un mètre.

La cathédrale est le seul édifice qui retienne l'attention. Sa façade, un peu massive, est encadrée de deux tours qui la font ressembler à une forteresse. L'une d'elles, d'ailleurs, la tour Brieuc, servit de donjon et, en 1393, les Briochins y soutinrent un siége de quinze jours contre Olivier de Clisson. Huit tombeaux d'évêques, un large bénitier du xve siècle et un buffet d'orgue finement travaillé, rehaussent l'intérieur du monument dont l'aspect est sombre, froid et sévère.

Une courte promenade conduit au palais de justice entouré de pelouses, de pièces d'eau et de massifs, d'où l'on domine le port et la tour Cesson démantelée par Henri IV. A l'horizon, dans une échappée, on aperçoit la mer.

Le port de Saint-Brieuc est le Légué, une charmante plage que relie un chemin de fer départemental, très apprécié pour ses travaux d'art d'une rare élégance et d'une délicate exécution.

Le voyageur ne regrettera pas de s'arrêter à Morlaix, surtout s'il peut s'y trouver le samedi matin, au moment du marché. Les amateurs s'en féliciteront.

Morlaix est construit au fond et sur les flancs d'une vallée fortement encaissée que réunit le viaduc bien connu. Ce viaduc donne à la ville une physionomie qui lui est particulière. Il domine tout et on le voit de partout.

Ce ne sont que des grimpettes, des venelles à pente rapide, des chemins en escalier, des ruelles en lacet, des jardins en terrasses. De nombreuses maisons sont avec pignons et lanternes, c'est-à-dire pourvues d'une cour intérieure éclairée par un vitrage situé dans la toiture ; quelques-unes aussi ont leur façade entièrement recouverte d'écailles d'ardoises, d'autres encore possèdent des portes étroites et vitrées, des fenêtres larges et basses, des niches et des dais abritant des saints ou des personnages grotesques.

Il y avait un deuil religieux au moment où nous passions à Morlaix.

Aucune exposition du cercueil n'avait eu lieu, aucun drap noir n'était tendu devant la demeure mortuaire, et le prêtre dut monter deux étages pour faire la levée du corps. La descente du mort fut certainement pénible, car les personnes qui étaient venues pour lui rendre les derniers honneurs attendirent longtemps avant que la bière n'apparut à l'entrée de la maison. Lorsque le cortège se mit en marche, la famille suivit sur deux rangs, puis les invités vinrent ensuite, au hasard, par groupes. Le convoi prit la direction de Sainte-Mélaine, que l'on atteint en montant de nombreux degrés.

Sous François Ier, les armes de la ville furent complétées par un lion faisant face à deux léopards avec cette devise : « S'ils te mordent, mords-les ». Le jeu de mots formant le nom de la cité n'est pas disgracieux.

« Nous sommes à 3,000 lieues et à 300 ans de Saint-Paul-de-Léon », disaient autrefois les Morlaisiens en faisant allusion aux mœurs de leurs voisins, les Léonais, dont la réputation ne fut pas toujours exempte de reproche. Il y eut une époque où, sur les bords de la mer, les habitants du pays de Léon attachaient des lanternes aux cornes d'un bœuf afin que les bateaux les prissent pour les lumières d'un phare et vinssent se briser sur les falaises. Parmi les grands pilleurs d'épave, le comte Henri répétait souvent « qu'il possédait une pierre plus précieuse que tous les joyaux connus ». Il voulait parler d'un rocher où les navires venaient se briser.

Il appelait une tempête : « Une visite de Dieu ».

Il fut un temps où dans l'ancienne Cornouailles l'on rencontrait des croix à tous les carrefours et au tournant de tous les chemins; ce n'était pas toujours un sentiment de piété qui les faisait élever, mais souvent le souvenir d'un meurtre ou d'une épidémie. Si le fléau se prolongeait, il était alors construit un calvaire. C'est ainsi que celui de Plougastel fut édifié en 1601, à la suite d'un vœu, après la grande peste qui dura vingt années.

Les Bretons nomment habituellement un calvaire une simple croix posée sur un carré de pierres précédé de quelques marches ou placée au sommet d'un monticule plus ou moins élevé. Cette appellation n'est pas exacte. Ce nom ne doit être employé que lorsqu'il existe des personnages, soit sur les bras de la croix, comme à Saint Herbot, soit aux angles de l'autel où elle est adossée, comme à Ploubeyre et à la Forêt-Fouesnant. Ce sont d'ailleurs les plus simples.

Le calvaire est un véritable monument religieux ; l'art et l'inspiration s'y rencontrent souvent. Le plus considérable est à Plougastel-Daoulas, près de Brest ; il est aussi le plus connu. C'est une plateforme percée d'arcades, composée de plus de deux cents personnages représentant les scènes principales de la vie de Jésus, et dominée par trois croix supportant le Christ et les deux larrons. Dans son entrée à Jérusalem, le rédempteur est accompagné de Bretons en costume national.

Le calvaire de Saint-Thégonnec est également très apprécié, mais c'est à Guimilian que se trouve le plus beau de tous si l'on considère la finesse des détails. Parmi les groupes qui rappellent les actes de la passion, les malicieux signalent Véronique, les seins découverts, et un diable habillé en moine.

Bien que nous ne voulions pas parler de tous les calvaires, il y a cependant lieu de citer celui de Troanén, le plus ancien de la province, formé d'un massif de granit divisé en deux rangs de bas-reliefs, celui de Pleyben, placé sur un arc de triomphe, dont la Cène et l'Ensevelissement sont les principaux motifs de décoration, et celui de Géhanno, mutilé sous la Révolution, en partie formé de statues figurant le Christ portant sa croix, entouré de cavaliers, de saints, de saintes et des évangélistes.

Nous passerons sous silence les ossuaires, dont plus d'un n'est pas valeur artistique.

On a sans doute remarqué, non sans étonnement peut-être, qu'au calvaire de Plougastel le sauveur était accompagné de Bretons à son entrée à Jérusalem. La majorité de la population croyait alors que tous les habitants de la terre s'habillaient comme dans leur province. Cela est si vrai, qu'à Ploudalmezeau, la vierge est représentée avec une coiffe bretonne, et à Cast, dans la chapelle de Quillidoaré, vêtue à la mode du pays, c'est-à-dire légèrement décolletée.

L'ignorance seule est coupable.

CARNAC est célèbre par ses alignements et son pardon. On s'y rend en quittant la grande ligne de Quimper et en prenant à Auray la correspondance de Quiberon ; seulement on ne sait jamais quand on arrive, ou plutôt quand on part. Du moins, il en était ainsi lorsque nous y sommes allés. Cinq minutes après l'heure réglementaire, les voyageurs continuaient à arriver sans se presser, causant entre eux, s'arrêtant volontiers pour entreprendre une conversation. L'employé que nous interrogeâmes nous répondit que l'on comptait toujours sur un retard d'une quinzaine de minutes. Jamais moins.

Nous venions de la direction de Nantes.

Redon, c'est l'entrée de la Bretagne bretonnante, Malansac, le commencement de la lande stérile, mais bien jolie cependant quand elle est recouverte de genêts dorés.

A Questemberg, des groupes de Bretons montent dans notre compartiment : ils vont prier à Sainte-Anne. Aussitôt arrivés, aussitôt installés pour le déjeuner. Les femmes ouvrent les grands paniers et retirent les provisions qu'elles déposent sur leurs genoux, les hommes placent les litres de cidre dans un coin et coupent de larges morceaux de pain qu'ils recouvrent de beurre salé : c'est la beurrée. En mangeant, ils parlent des ajoncs qu'ils enlèveront bientôt pour les utiliser, soit comme engrais, soit comme fourrage, mais après en avoir broyé les épines. De temps en temps, le litre circule de bouche en bouche, essuyé au préalable par le revers de la manche. Le repas s'achève avec une galette de blé noir (1).

Les enfants sont très friands de cette galette qui, mince comme une feuille de papier et cuite pendant deux ou trois minutes sur une plaque de fonte fortement chauffée, est d'un aspect brun foncé et peu appétissante. Plusieurs fois roulée ou repliée sur elle-même, elle ressemble à un morceau de gras-double.

A la gare de Plouarnel, un petit tramway et des voitures particulières conduisent à Carnac.

Carnac ou Karnac, est un bourg de 3,000 habitants qui possède une plage en formation et un tumulus dans lequel des fouilles sont actuellement faites ; les objets trouvés : silex, polissoirs, haches, sont placés dans un petit musée qu'on visite moyennant une faible rétribution.

Nous arrivons pour le grand pardon, qui a lieu, chaque année, le deuxième dimanche de septembre, jour choisi par la population pour fêter saint Cornély, très vénéré dans la contrée. Une courte légende existe. La voici telle qu'on nous l'a racontée : Saint Cornély était poursuivi par une armée de païens qui voulaient s'emparer de sa personne et, arrivé à la mer, il allait être infailliblement pris, quand un troupeau de bœufs chargea ses ennemis qui se dispersèrent et furent changés en pierres.

De là, les alignements qui entourent le village.

En témoignage de sa gratitude, saint Cornély mit les bêtes à cornes sous sa protection, et depuis

(1) Sarrasin.

ce moment, les paysans reconnaissants amènent en procession leurs bestiaux, les cornes enguirlandées de rubans, et offrent au saint des dons en nature : poules, oies, lapins, œufs, etc., qui sont ensuite vendus aux enchères au profit des œuvres paroissiales.

Quand nous pénétrons dans l'église, la messe s'achève. L'uniformité des costumes, robes noires et coiffes blanches, fait croire pendant quelques instants que nous sommes en présence de religieuses réunies dans la chapelle d'un couvent. La foi est vive et ardente en Bretagne. Pas de comédie ni d'hypocrisie : de la sincérité et des convictions. Les hommes sont agenouillés sur les dalles, les femmes prient avec ferveur ; tous s'élèvent dévotement vers le Très-Haut, tous s'inclineront devant sa volonté toute puissante. C'est la croyance profonde et vivace, c'est l'âme bretonne.

La cérémonie terminée, les fidèles se retirent après avoir déposé leur offrande et baisé les reliques de saint Cornély. Des peintures murales, aux teintes accentuées, enlèvent un peu de clarté à l'édifice très remarqué pour ses vitraux et ses chapelles ; mais ce qui retient surtout l'attention, c'est la grille du chœur, un retable en marbre blanc, et la chaire à prêcher, toute en fer forgé, d'une remarquable exécution.

De chaque côté du porche, surmonté d'un baldaquin original, des mendiants demandent l'aumône et remercient par une prière.

La sortie de la messe prête à l'examen des toilettes. Ici, elles se ressemblent toutes ; seules, la qualité et la beauté de l'étoffe diffèrent. La Bretonne porte une coiffe blanche en dentelles, une robe noire froncée dans le haut et garnie d'un large ruban de velours dans le bas, un corsage sans taille et légèrement décolleté, des manches larges également bordées de velours. Toute la coquetterie féminine se révèle dans le tablier de couleur qui fait partie de l'habillement dans beaucoup de pays. Suivant la situation de fortune, ils sont en soie ou en laine, unis ou rayés, brodés ou imprimés. Il y en a des jaunes, des violets, des bleus pâles, des verts tendres ; quelques-uns sont moirés, parsemés de fleurettes ou de petits motifs. La fillette est habillée comme la jeune fille, comme la mère, comme la grand'maman ; les toutes petites, avec leurs jupes trop longues et leurs poupées vêtues comme elles, ressemblent à de véritables vieilles.

Les hommes, le visage complètement rasé, portent le traditionnel costume noir : large chapeau entouré de rubans flottant sur les épaules, pantalon à pont, gilet à double rangée de boutons, veste courte au col de velours toujours relevé. Les bragow-bras, ou culottes bouffantes s'arrêtant aux genoux, ne se voient plus ou bien rarement. Les petits bambins sont vêtus comme leur papa et comme leur grand-père.

Sur la place, des marchands font cuire des saucisses dans de larges bassines pleines de graisse bouillante et vendent du pain, du cidre, de la viande froide que les pèlerins achètent et mangent sur les marches de l'église et sur les voitures placées en files le long des rues.

A l'hôtel, nous nous trouvons avec quelques belges qui se rendent à Notre-Dame de Lourdes, et, en passant à Auray, ils se sont échappés de leur mission pour assister au pardon de Carnac. Près de nous, une dame a visité toute l'Europe, les pyramides, Jérusalem, et un touriste parcourt la Bretagne depuis deux mois.

C'est un fanatique et rien ne lui échappe. Il va partout, aux baptêmes, aux enterrements, aux mariages, aux foires, aux marchés. Il vit de la vie intime des Bretons.

« Je donnerais les trois quarts de la France pour cette admirable province ! » s'écrie-t-il enthousiasmé.

A trois heures, les cloches sonnent.

Les portes de l'église s'ouvrent et la procession sort précédée des orillammes et du clergé. Plus de deux mille personnes suivent les lourdes bannières que portent des hommes solides et bien musclés, puis le cortège se dirige vers la fontaine Saint-Cornély, traverse le village et rentre pour la bénédiction solennelle.

La fête a commencé un peu avant deux heures : elle bat maintenant son plein. A cinq lieues à la ronde, les amis se sont donnés rendez-vous. Nous sommes perdus, noyés, emportés par ce flot de costumes qui nous enveloppe et nous entraine sans même que nous cherchions à nous retenir et à résister.

Nous suivons le courant, ravis, enchantés, regrettant cependant de ne pouvoir partager la joie qui se lit sur tous les visages. Plusieurs fois nous montons et descendons la grande rue où, sous des tentes légères, de petits commerçants offrent des gâteaux, des sucreries, des jouets, des gaufres, des porcelaines peintes. Nous nous arrêtons au hasard, près d'une riche fermière portant de lourdes chaines d'or et de larges bagues, près d'une femme à la figure réjouie qui vient de gagner une demi-douzaine de bols, près des gamins qui se hissent sur des chevaux de bois. Les jeunes Bretonnes rient des plaisanteries que leur adressent de joyeux gars et leur promettent d'aller au bal qui déjà les attire et les appelle.

Au coin d'une grange, un homme grimpé sur un tonneau joue du biniou ; un peu plus loin, sur des planches posées sur des tréteaux, deux musiciens, les joues gonflées, soufflent dans une musette et dans une cornemuse. La jeunesse danse sous les pommiers, sur la route, dans les champs, tandis que les vieux, assis devant des tables rustiques, boivent du cidre en se rappelant le temps où eux aussi, dansaient sur ces mêmes places et sous ces mêmes arbres. Ils ne quitteront cependant pas la fête sans avoir essayé une de leurs danses d'autrefois, et pendant quelques minutes ils auront l'illusion de ces moments heureux, mais leurs jambes un peu raides leur crieront bientôt : il est trop tard.

Les jours baissent vite en septembre. Quand nous partons, les premières ombres sont tombées et des groupes s'en retournent en chantant des airs plaintifs et doux.

On croirait que c'est leur vie qu'ils chantent, leur vie si monotone et si triste au milieu des landes et des blocs arides ! Ces chansons ont un charme qui pénètre et impressionne ; on se sent bercé par elles, on voudrait qu'elles durent toujours... Mais, brusquement, des voitures chargées de jeunes garçons et de jeunes filles passent rapidement et emportent avec elles des éclats de rire qui se perdent peu à peu dans la nuit.

A Plougastel, les invités sont rentrés de la fête. Les femmes ont enlevé leurs beaux tabliers et échangé leurs coiffes de dentelles, les hommes ont remplacé leur veste par une petite blouse s'arrêtant à la taille. Les lumières brillent au travers des fenêtres, traversent les cours, disparaissent dans les écuries : les travaux du soir sont commencés, le pardon est terminé.

Les monuments mégalithiques existent un peu partout, en Espagne, en Angleterre, en Italie, mais c'est dans la Bretagne qu'ils sont le plus nombreux et qu'on trouve les plus importants.

Leur origine et leur but sont encore imparfaitement connus, et tout leur intérêt ne consiste que par leur antiquité préhistorique. Si l'on excepte le dolmen de Roos-Braas (à peu de distance de Pont-Aven), considéré plutôt comme une allée couverte, le plus grand dolmen conservé est à Locmariaquer, village qui possédait aussi le plus grand menhir avant qu'il ne fut brisé par la foudre. Il atteignait vingt-trois mètres et son poids dépassait deux cent mille kilogrammes.

Depuis cet accident, la royauté appartient au monolithe de Plouarzel d'une hauteur de douze mètres ; le Champ-Dolent, de Dol, surmonté d'une croix, lui contesterait cet honneur si moitié de sa longueur n'était enfouie sous terre. Les menhirs de huit à dix mètres ne sont pas communs, mais au-dessous de ces proportions ils forment de véritables légions.

Les pierres branlantes ne sont pas les moins curieuses. Il y en a qui ressemblent à des carapaces, comme à Trégunc ; qui imitent des heurtoirs, comme à Trégastel ; qui font songer à des champignons, comme à Brignogan. Dans l'île de Bréhat, une pierre se soulève à l'arrivée des vagues et frappe comme un marteau sur une enclume. Le plus beau rocher tremblant connu est à Huelgoat, près de Morlaix. Cette pierre énorme, d'une longueur de sept mètres, pèse cent mille kilos et se tient en équilibre sur le sol. Un enfant la fait mettre en mouvement.

Faut-il parler des pierres sonnantes près desquelles les promeneurs s'arrêtent en visitant les ruines du château du Guildo ? Ce sont des pierres d'amphibole qui, frappées avec un galet de même nature, rendent un son argentin.

Nous l'avons dit, c'est à Plouarnel qu'il faut s'arrêter pour se rendre à Carnac distant seulement de trois kilomètres de la station, mais il est préférable de faire le trajet à pied et de ne pas se servir des voitures qui attendent à l'arrivée des trains. Cela permet de s'écarter de la route pour visiter les menhirs du Vieux-Moulin et les beaux dolmens de Kergavat et de Rondossec. Il y en a d'autres encore sur le chemin, car nous sommes dans une région où les monuments mégalithiques ne se comptent plus.

Quatre ou cinq cents mètres avant d'arriver au village, le jeune Breton que nous avions pris pour nous conduire nous fait suivre un chemin défoncé, bordé de murs bas, en pierres sèches et surmontés de tamaris. Nous longeons deux grands champs de sarrasin et traversons bientôt la cour d'une ferme. Quand nous passons, une fillette court après une chèvre, une vieille femme fait sortir quelques vaches, un gros chien gambade autour d'une charrette. Nous continuons à avancer, ouvrant des barrières, soulevant des claies, enjambant des bordures de pierre.

A l'extrémité du chemin une maison est entourée d'un cromlech. Nous la contournons et nous

nous trouvons en présence des alignements du Ménec.

On est de suite impressionné. Ce qui surprend surtout, c'est le nombre et la diversité des pierres. Toutes les formes sont représentées depuis les plus grandes aux plus petites, depuis les plus grosses aux plus minces. Il y a des menhirs énormes, épais, droits, tordus, bossus ; certains sont larges au sommet et étroits à la base ; d'autres sont penchés ou prêts à tomber ; la proportion de quelques-uns étonne et impose.

Ces pierres sont placées par rangs, bien alignées ; on dirait une armée qui attend. Au milieu d'elles, il y a un dolmen renversé par un orage. En le frappant avec une pierre, dit le guide, « il sonne le creux ».

Les alignements forment trois groupes : Menec. Kesmario et Kerlescan qui comptent trois mille menhirs. D'après des renseignements qui paraissent précis, Carnac possédait quinze mille menhirs que les habitants utilisèrent pour entretenir leurs routes, construire leurs maisons et édifier une partie de leur église. Les autorités durent intervenir et, un peu tard, défense fut faite de continuer l'œuvre de destruction qui était commencée.

Il est indispensable de se faire un état d'âme pour visiter ces dolmens et ces menhirs, autrement on en emporterait une impression fausse et incomplète. Le calme, l'isolement, le recueillement même sont nécessaires. Il faut voir les druidesses la faucille d'or à la main et le front ceint de feuilles de chêne partir pour la forêt profonde, il faut apercevoir les druides à la longue barbe blanche entourés de Celtes armés de haches et vêtus de peaux d'animaux sauvages, il faut assister au sacrifice des esclaves dont l'holocauste appaisera le courroux des dieux ou leur demandera la victoire sur les ennemis qu'on doit combattre. Qui sait si en marchant sur ces dolmens nous n'avons pas foulé la place où coula le sang des victimes ?

Les légendes se forment vite dans le pays. La nuit, les pierres deviennent plus grandes, prennent des formes humaines, semblent suivre ceux qui approchent. C'est là que les sorciers se réunissent et que les esprits dansent des rondes infernales.

On ne passe qu'en tremblant, en se signant. Tous les vieillards ont entendu des bruits mystérieux, tous ont vu des ombres se cacher furtivement quand un rayon de la lune éclairait ces pierres étranges. A la chute du jour, on s'éloigne rapidement de ces lieux redoutés. C'est l'heure où les korrigans viennent garder les trésors enfouis sous ces colosses de granit, c'est celle où les êtres surnaturels viennent prendre possession de leur royaume d'une nuit.

Ah ! si ces pierres pouvaient parler ! que de secrets leurs ont été confiés ! que de serments de haine et d'amour ont-elles été témoins ! qui jamais soulèvera le voile qui entoure leur passé, qui fera connaître la vérité ?

On peut parler à la fois de Brest et de Lorient. Toutes deux ont l'aspect habituel des ports : docks, entrepôts, bassins de radoub, bateaux qui arrivent et qui partent, quais animés et encombrés de caisses, de cordages, d'ancres, de balles et de tonneaux.

Une carte que l'on se procure facilement à la préfecture maritime permet de pénétrer dans le port militaire. C'est toujours la même promenade sur les bords de la rade, au musée de la marine, dans les magasins d'artillerie ; toujours le même vieux marsouin qui donne des explications sur les modèles des navires construits dans l'arsenal, sur les haches et les poignards d'abordage placés le long des murs, sur les armes anciennes disposées en panoplies. Des ouvriers — de véritables artistes se sont révélés en fabriquant avec des pièces tordues et ciselées, des vases, des couronnes, des flambeaux, des suspensions et des lampadaires.

Il est bien rare que l'on ne puisse pas visiter un navire de guerre. Un marin de service vous montre les longs canons et les tubes lance-torpilles, puis en passant par de rapides et étroits escaliers, la soute au charbon, la salle de chauffe, les cabines des officiers, le carré, les salles où les matelots tendent leurs hamacs, et enfin, le réduit blindé où l'officier qui commande le navire doit se tenir pendant le combat.

Brest est une ville où il pleut en moyenne cent soixante jours par an. Nous y sommes allés en revenant du Fret, petit port de la presqu'île de Crozon, et pour ne pas manquer à la tradition, nous nous étions embarqués par une pluie diluvienne. Nous n'apercevions même pas les côtes voisines. En débarquant, il nous arriva une petite histoire que nous ne pouvons nous rappeler sans sourire. La pluie redoublait de violence et nous avions donné notre valise au hasard, à un homme quelconque qui se trouvait là. Une fois partis, nous examinâmes plus attentivement notre commissionnaire. C'était un individu tout dépenaillé, aux habits loqueteux, à la mine peu rassurante. Ses souliers buvaient l'eau. Il marchait très vite et à chaque coin de rue nous nous attendions à le voir disparaitre avec notre colis, aussi nous le suivions de très près quand une femme qui ne marquait pas beaucoup mieux que lui s'approcha de notre personnage, lui causa à mi-voix, et nous proposa ses services pour porter les vêtements que nous avions sur le bras. Nous refusâmes net. Comme la situation paraissait se compliquer, nous profitâmes d'une éclaircie pour reprendre notre valise malgré les protestations énergiques du commissionnaire qui tenait à nous conduire à l'hôtel. Il dut cependant céder sous une menace de notre part, mais au moment où nous allions lui payer sa course, la femme qui nous avait suivi avança vivement la main.

L'homme eut un sourire et, avec un geste large qui n'avait rien de cérémonieux, nous dit en s'inclinant :

— C'est Madame.

Brest a une rue principale : la rue de Siam qui traverse la ville ; une belle promenade : le cours

Dajot qui domine le goulet ; un pont qui compte parmi les merveilles du genre humain : le pont National. De ce pont, la vue est féerique. Au loin, on aperçoit la rade et les cuirassés ; devant et derrière, le clocher saint-Sauveur, la tour de la Motte-Tanguy, le château et son donjon dominent la ville ; au-dessous, de nombreux bateaux à voiles, à rames et à vapeur circulent en tous sens devant le port, l'arsenal, l'ancien bagne, l'hôpital maritime et le vaisseau-école.

Lorient date de 1710 et doit son nom au grand commerce que la Compagnie des Indes faisait avec l'Orient. Elle a élevé des statues à Victor Massé, au poète Brizieux, et à l'enseigne Brisson qui se fit sauter avec son brick plutôt que de se rendre à des corsaires. En dehors du port il n'y a rien à voir, rien à visiter. L'église Saint-Louis cependant possède des particularités qui sont peu communes aux édifices du culte. Pas de sujets religieux sur les vitraux : des scènes navales ; pas de chapelles appuyées sur les murs des bas-côtés : elles sont adossées aux piliers qui bordent la grande nef ; pas de lutrin dans le chœur : il est placé derrière le maître-autel ; pas de croix sur le clocher : un phare le remplace.

Quimper, qu'on appela longtemps Quimper-Corentin, du nom de son premier évêque, était au Moyen-Age la capitale de la Cornuailles. L'origine de ce nom est Kemper, mot breton qui signifie confluent. L'Oder et le Steir se réunissent dans cette ville.

A part quelques quartiers neufs, Quimper a conservé son aspect d'autrefois. On peut dire que c'est la ville bretonne par excellence, du moins nous l'avons trouvée telle le jour du marché et de la foire que nous l'avons visitée. Cloc ! cloc ! les sabots ! musique joyeuse qui éveille, ne quitte plus avant l'heure du coucher, mais que par habitude on finit par ne plus entendre. Cloc! cloc ! les sabots !

Le matin du marché, les habitants des campagnes arrivent par tous les chemins, à pied et en charrettes, amenant des provisions ou des animaux à vendre. Les chevaux sont conduits à l'auberge, les voitures rangées le long des rues, et les bestiaux menés dans la partie haute, derrière les anciennes fortifications, sur une place entourée de piquets. Hommes et femmes de tous âges attendent avec un veau, un mouton, rarement plus. Peu ou pas de discussion avec l'acheteur. Si l'offre plaît, le vendeur répond par un mot ; si non, il garde le silence, attendant un prix meilleur, se réservant de revenir sur sa décision pour conclure. L'affaire terminée, l'animal est attaché par les quatre pattes et porté dans un coin de la place. A l'extrémité du marché, au pied d'un mur, des vaches toutes crottées, les pis malpropres, sont à vendre.

Le mouvement est important sous la halle, près des farines, des gruaux, des choux verts qu'on amène par tombereaux, mais c'est dans la section réservée aux marchandes de beurre que l'animation est la plus grande, que les paroles sont plus vives, que les mots sont plus piquants.

Quand la vente est finie, la population rurale se répand dans la ville pour faire ses achats : la rue Kéréon est la plus fréquentée et la plus commerçante de toutes. Les petites bourses vont sur la place Saint-Corentin, autour de la statue de Laënnec, acheter des plats, des assiettes, des sabots, des soldes en lingerie, des occasions en bonneterie, des colliers en paille pour les chevaux.

Une promenade dans les ruelles grimpantes et mal pavées ne sera pas dépourvue d'intérêt. Le chercheur y fera une ample provision d'études, d'observations, d'enseignements. Il ne faut pas pour cela se presser, mais entrer dans les crêperies à l'heure du déjeuner, surprendre un bon paysan comptant sa bourse sous un porche, flâner devant les boutiques des repasseuses de coiffes bretonnes, s'arrêter devant les échoppes des tailleurs qui festonnent des gilets, regarder aux devantures des magasins les bonnets des enfants, les bouquets garnis de rubans des jeunes mariés, les guirlandes de fleurs d'oranger longues de plus d'un mètre. On fera la rencontre de curieuses façades, de fenêtres s'ouvrant au raz du sol, d'habitations inclinées où l'on doit descendre des marches pour entrer, de vieilles maisons aux charpentes apparentes où l'on touche le plafond avec les mains et où l'on doit se baisser pour passer sous la porte. Dans une rue avoisinant la place de la Terre-au-Duc, une auberge ne possède qu'une issue : chevaux et charretiers passent par la même porte. Les consommateurs entraînent avec eux la paille qui est répandue dans le couloir et vont boire et manger dans une pièce voisine, à côté du lit dissimulé à peine par un rideau que l'on glisse sur une corde tendue.

Il est de rigueur de faire le tour de ville en suivant le Champ-de-Bataille, les allées de Locmaria, l'Oder traversé par de nombreux ponts, l'ancienne enceinte flanqué de tours et de tourelles, et le Steir que des habitations surplombent de plusieurs mètres.

On ne peut également partir sans rendre une visite au musée.

Ses toiles, on le comprend, représentent surtout

des légendes, des scènes d'histoire et des sinistres en mer. Trois peintures retiennent l'attention : *La mort de La Tour d'Auvergne*, d'une grandeur émouvante, *A l'île de Sein*, tableau d'une douloureuse tristesse, et *La fuite du roi d'Ys*, composition d'une poignante émotion. Poursuivi par les flots qui viennent de détruire la ville maudite et qui déjà atteignent son cheval, le roi d'Ys, sur l'ordre de saint Corentin, jette sa fille impure à la mer afin d'échapper à la colère divine. L'expression d'épouvante qu'on lit sur le visage de la jeune fille et la froide résolution dont est marquée la figure du père, donnent à cette œuvre magistrale une intensité d'une telle puissance qu'on ne peut s'éloigner sans éprouver une sorte de malaise qui subsiste longtemps encore.

Les salles ne sont pas riches en sculptures, mais il y a cependant lieu de signaler une réduction du groupe de notre compatriote Boucher : *Laënnec découvrant l'auscultation*, dont l'original est au musée de Troyes.

Nous mentionnerons encore la reproduction d'une noce bretonne aux personnes de grandeur naturelle, et parmi les objets anciens, des berceaux primitifs, une chaise sans pieds, d'un seul bloc, taillée dans un tronc d'arbre, et une immense cheminée sous laquelle deux personnes peuvent s'asseoir de chaque côté de l'âtre. Un banc, avec des pieds inégaux, est placé à la fois dans la chambre et sur le foyer.

Les Quimpérois montrent avec une pointe d'orgueil leur cathédrale Saint-Corentin, un des plus remarquables monuments gothique de la province. Cet édifice, commencé en 1237 et achevé seulement en 1515, est surmonté de hautes flèches à jours flanquées de clochetons et précédé d'un riche portail dominé par la statue équestre du roi Grallon, et par le lion de Montfort tenant la bannière de Bretagne.

Cette statue eut son heure de célébrité. Le jour de la Sainte-Cécile, un des sonneurs muni d'une bouteille, d'un verre et d'une serviette, montait en croupe sur le cheval, puis, après avoir rempli et vidé son verre, le présentait dignement au roi de pierre. Il lui essuyait ensuite la bouche et, aux applaudissements de la foule, jetait le verre sur la place qui précède le parvis. Celui qui pouvait l'attraper et le présenter intact, recevait un louis d'or comme récompense.

Un avis, placé sur la porte principale, interdit aux dames cyclistes l'entrée de la cathédrale.

En pénétrant dans la vaste église, une remarque s'impose : la déviation exagérée de l'axe du chœur qui symbolise, assure-t-on, l'inclinaison de la tête du Christ sur la croix. L'intérieur de l'immense vaisseau est sombre, décoré de tombeaux, de belles verrières et de fresques de Yan D'Argent. Au milieu des transepts, des dalles sont recouvertes d'épitaphes à demi effacées ; devant une chapelle, des cierges brûlent ; dans la grande nef, un étroit plancher atténue le bruit des pas.

Des inscriptions écrites en français et en breton recommandent de faire le moins de bruit possible avec les sabots, défendent d'entrer avec des paniers et d'amener des enfants en bas âge, sauf pour ces derniers, pendant deux ou trois dimanches chaque année. Elles rappellent aussi, qu'aux jours de mariage, la cérémonie sera remise au lendemain si les mariés sont en retard de plus d'un quart d'heure.

Malgré ces recommandations, les sabots résonnent sous les voûtes et des femmes sont en prières, leur pain près d'elles et le panier rempli de légumes placé sur une chaise. Une vraie bretonne ne pourrait passer devant la cathédrale sans aller dire une petite prière à saint Corentin dont le bras est exposé aux fidèles, tous les ans, le jour de sa fête. Elle ne se le pardonnerait pas.

On ne peut aller en Bretagne sans visiter ses plus terribles beautés : l'enfer de Plogoff dont les flancs déchirés semblent vomir des tourbillons affreux, l'effrayante pointe du Raz devant laquelle on ne passe qu'en tremblant, la sinistre baie des Trépassés où la légende bretonne croit voir apparaitre aux jours de malheur les âmes des naufragés.

Pour faire cette excursion, il faut partir de Quimper et, arrivé à Douarnenez, prendre un train local qui conduit à Audierne. Cette dernière partie du voyage est assez intéressante. Le petit chemin de fer passe à Poullan où des Girondins proscrits trouvèrent asile en 1795, traverse une vallée ombragée, et après Pont-Croix, côtoie le Goyen bordé de rochers qui donnent l'illusion d'un fjord de Norwège ;

Audierne, construit dans un site pittoresque à l'embouchure du Goyen et à un kilomètre de la mer, était anciennement une ville florissante, mais un raz de marée ayant subitement éloigné la morue, elle perdit d'un seul coup toute son importance. C'est maintenant un petit port sardinier de deuxième ordre avec quelques confiseries de sardines. L'une d'elles a pour marque de fabrique :

Tous les matins tu mangeras
Une sardine de la pointe du raz

Quand nous arrivons, tous les bateaux sont ancrés. Les homardiers ne sont pas sortis depuis plusieurs jours à cause de la grande marée qui entraînerait leurs casiers, et les sardiniers sont restés au port parce que c'est demain dimanche et jour d'élection. Les longs filets aux étroites mailles qu'on aperçoit suspendus à l'extrémité des mâts ressemblent à d'immenses toiles d'araignées bleuies qui tremblent et frissonnent quand le vent s'élève.

Un pêcheur, la pipe à la bouche, nous explique que le homard se prend dans des casiers en bois dans lesquels on met un peu d'appât. Le crustacé pris, il s'agit de le retirer sans se faire pincer les doigts, ce qui n'est pas toujours facile. Généralement on se sert de petites chevilles qui, introduites adroitement au défaut de l'épaule, rendent le homard complètement inoffensif. L'opération est d'ailleurs délicate et un peu d'habileté ne nuit pas. Au contraire.

Le soir, à table d'hôte, des personnes parlent de leurs promenades attrayantes dans les environs de Concarneau, et surtout de leurs visites à certaines fermes dont les habitants et les animaux vivent dans une salle commune. Une barrière, haute d'un mètre, ou même une simple planche retenant le fumier, sépare l'écurie de la chambre des « maîtres ». Ceux-ci couchent dans des lits clos, fermés par des portes glissant dans des rainures.

Nous avons eu, nous aussi, l'occasion de pénétrer dans quelques maisons bretonnes, principalement près de Guérande. Ces maisons, tout en granit, se composaient d'une seule pièce, d'une seule fenêtre, d'une seule porte; cette dernière en ogive, ayant sur un écusson les dates de 1650-1680. Des pierres brisées servaient de marches. Pas de parquet ni de carrelage dans la chambre : de la terre battue; pas de plâtre sur les murs : du torchis noirci par les années. Comme meubles, deux ou trois lits suivant l'importance de la famille, une table, deux bancs, une horloge dans sa boîte, une armoire aux ferrures de cuivre, un bahut s'ouvrant des deux côtés, un dressoir garni d'assiettes fleuries et de bols à cidre. Aux poutres massives du plafond étaient accrochés des haricots desséchés, des morceaux de lard jaunis et des vessies remplis de fiel. Dans un coin, une échelle conduisait au grenier; dans un autre, un vaisselier grossier était garni de pots de grès, d'écuelles en bois et de faïences brunes. Trois ou quatre livres poussiéreux traînaient sur une cheminée; près d'un calendrier et d'un bougeoir, un crucifix était entouré d'une branche de buis, d'un bénitier et d'images religieuses.

Nous nous couchons ce soir-là avec l'intention de faire une bonne matinée, mais il fait à peine jour que nous sommes éveillés par le bruit des sabots qui passent. Pourquoi un tel tapage à pareille heure ? Nous courons à la fenêtre et apercevons les pêcheurs qui, les uns après les autres, arrivent sur la place et sur les quais. Nous allions nous demander pourquoi ils ne restaient pas tranquillement dans leur lit au lieu de venir nous empêcher de dormir, quand un peu de réflexion nous fit comprendre que tous ces braves gens ont l'habitude de vivre au large et qu'ils ne peuvent rester enfermés dans une chambre étroite. Aussitôt éveillés, aussitôt debout; aussitôt debout, aussitôt dehors. Mais comme ils ont l'air désœuvrés! ils ne savent pas où aller, où se rendre. Les mains dans les poches, traînant leurs sabots, ils vont, viennent, s'arrêtent longuement. Quelquefois un mousse les accompagne. Celui-ci les regarde, les écoute, prend les mêmes poses, les mêmes allures, se modèle sur eux. Comme eux déjà, il a la vareuse bleue, le béret sur la tête, les mains dans les poches. Le plus souvent les groupes sont immobiles comme des statues, et regardant les bateaux qui se balancent, ils écoutent le bruit des flots qui remuent et la mer qui doucement s'agite. Quand les pêcheurs sont fatigués d'être restés trop longtemps à une place, ils vont plus loin, traînant toujours leurs sabots, s'arrêtant au hasard et reprenant leur immobilité. Parfois un camarade arrive. Les voix s'élèvent, le groupe s'anime, les amis partent au cabaret, vident quelques bols de cidre, puis reviennent sur les quais, attendant que les heures passent et que la journée s'achève.

Audierne possède une petite plage, un abri du marin et un canot de sauvetage. Elle est à quinze kilomètres de la pointe du Raz.

Nous partons vers neuf heures par un temps sombre et légèrement frais ; il a plu la veille et le soleil ne paraît pas vouloir être des nôtres. Qu'il reste voilé, soit ! mais que la pluie ne vienne pas en trouble-fête : la journée serait compromise. En sortant de la ville, nous gravissons une côte rapide et nous sommes bientôt entourés d'une vingtaine de gamins qui nous suivent en chantant. Le cocher, qui est descendu de voiture et marche à hauteur de son cheval, nous explique qu'ils nous souhaitent la bienvenue et un bon voyage. Cette politesse valait bien une récompense.

Je me disposais à leur jeter quelques sous quand une dame, que ces chants indisposaient, m'arrêta :

— Je vous en prie, me dit-elle, ils seraient capables de nous suivre jusqu'à la pointe.

Mais comme je ne paraissais pas disposé à lui obéir (qu'on me pardonne !) elle ajouta :

— Dites que c'est pour les faire taire.

J'aurais eu mauvaise grâce, cette fois, à ne point m'incliner.

Les sous volent en l'air. Une bousculade se produit, des coups de poing s'échangent, des figures mordent la poussière. La bande, bientôt debout, se met à notre poursuite et les chants recommencent malgré les protestations énergiques de la dame.

Au sommet de la côte, notre escorte nous quitte pour aller au-devant d'autres voyageurs et leur rendre les mêmes honneurs.

Ces scènes se reproduisirent tout le long de la route mais avec des manifestants moins nombreux. Deux fois, des fillettes de cinq à six ans, envoyées par leur mère, se mirent à nous suivre. Les pauvres petites chantaient tant qu'elles avaient de la voix et gagnaient bien les quelques sous qui leur étaient envoyés.

Les maisons des villages que nous allons rencontrer — il n'y a pas encore bien longtemps de cela — étaient toutes pourvues d'un petit moulin à vent en planches, pas beaucoup plus grand qu'une armoire. Ces moulins ont disparu. D'autres, plus importants, les ont remplacés et tournent sur les hauteurs voisines. Parfois, le grincement de leurs ailes arrive jusqu'à nous.

Sur notre gauche, nous apercevons la tour massive de Saint-Tujean et la flèche gracieuse du gros bourg d'Esquibien. La mer apparait et, jusqu'au bec du raz de Sein, nous quittera plusieurs fois pour réapparaître plus loin, chaque fois plus proche de nous. Voici la chapelle Saint-Théodore, chapelle bien modeste comme nous en rencontrerons beaucoup d'autres avant que nous soyons arrivés.

Après Primelin, la nature devient sauvage, les arbres disparaissent.

Les Bretonnes, surtout les filles de la côte, ont une expression de tristesse qui ne les quitte guère. Ici, elles paraissent plus tristes encore. Cette contrée, enserrée par la mer, n'est clémente que pendant les quelques mois d'été. En d'autres moments, c'est la brume, les vents affreux, les tempêtes qui font entendre leurs mugissements jusqu'au fond des chaumières. Tout bas on ne parle que naufrages, que malheurs. C'est pourquoi le sourire est rare, c'est pourquoi les enfants dont l'âme est le reflet de de l'âme de leur mère ont déjà un air pensif, c'est pourquoi ces pauvres petits êtres subiront la destinée qui s'est attachée à leur berceau pour ne les quitter qu'à la tombe.

Nous traversons un hameau qu'on croirait abandonné. Derrière une haie cependant, une femme garde une vache en tricotant ; dans une rue, des moutons se promènent ; sur un mur, des filets sont tendus.

Brusquement la mer fait une échancrure et forme une baie — la plage du Loch — où des hommes ramassent du varech, une des ressources du pays. Quand le goëmon est sec, les femmes des pêcheurs le placent en grands carrés sur des fosses revêtues de pierre pour le brûler et le convertir en soude. La cuisson dure six heures. Pendant ce temps, il se dégage une fumée blanche, âcre et désagréable.

Sur la droite de l'anse, en haut d'un rocher, une chapelle domine les flots : c'est Notre-Dame-du-Bon-Voyage que prient ceux qui se rendent à l'île de Sein. Jamais ils ne savent s'ils atteindront cette terre mystérieuse, s'ils pourront revenir au point de départ.

Anatole Le Braz raconte ainsi ce passage :

« Le patron hèle le prêtre à l'autre bout du « bateau :

« C'est le moment de dire l'oraison, monsieur « le curé ?

« Le sanctuaire est celui de Notre-Dame-du-« Bon-Voyage, devant lequel nul « ilien » ne passe « sans adresser à la Vierge un salut et une évoca-« tion. Malheur au mécréant qui ne se conforme-« rait pas à l'usage ! les fins rubans d'eau bleuâtre « qui viennent au loin de la mer et qui ne sont « autres que les terribles courants du Raz, se saisi-« raient de lui, l'envelopperaient de leur réseau et « le promèneraient d'une course éperdue autour de « l'île jusqu'au jour du jugement dernier.

« Le prêtre s'est levé ; debout, au pied du mât, « cramponné d'une main à un cordage, il récite « l'*Angelus* et le *De profundis* : l'assistance, tête nue, « donne les réponses. Les femmes, elles-mêmes, « trouvent la force de se mettre à genoux et estro-« pient les versets latins entre deux hoquets. »

A Plogoff, des bouses de vache sèchent sur les murs pour êtres brûlées l'hiver, avec les herbes arrachées à la fin des beaux jours. La messe sonne quand nous passons. Des paroissiennes, le livre de prières à la main, se rendent à l'église en causant.

Quelques kilomètres encore et nous atteignons Lescoff, le dernier village du cap aride. Notre voiture s'arrête aux premières maisons, près des guides qui attendent sur le talus de la route.

Nous formons un groupe de quatre personnes. Notre guide Cloarec — un gaillard bjen trempé et à la figure énergique — nous dirige vers la baie des

Trépassés qu'il faut voir, affirme-t-il, avant le déjeuner. La mer se retire en ce moment et les grottes ne sont accessibles qu'à marée basse.

Des enfants nous suivent.

Que peuvent-ils nous vouloir? Certes ces gamins ne nous accompagnent pas sans motif, mais lequel? nous l'avons appris plus tard.

Nous nous engageons dans un chemin creux, tout garni de grosses pierres et, à son extrémité, nous franchissons deux petits murs avant de descendre la pente qui s'offre à nos regards.

La baie est devant nous, éclairée par le soleil qui perce enfin les nuages. Elle est cependant bien belle cette terrible baie! si ce n'était les souvenirs qui nous assaillent, nous croirions nous trouver en présence d'un de ces coins charmants comme on en découvre parfois sur les bords de l'Océan. Malheureusement nous avons la vision des jours redoutés pendant lesquels les vagues crachent des cadavres, et subitement la plage devient triste comme un cimetière et funèbre comme une tombe. Nos oreilles semblent entendre le récit des légendes « où sur ce rivage les âmes en peine errent en gémissant, tandis que les ossements des naufragés frappent aux portes des pêcheurs en demandant la sépulture ». Et nos lèvres murmurent avec le poète breton :

... à gauche, ce sont des rochers couleur de feu,
C'est l'enfer de Plo-Goff. Sur la droite, au milieu
De ces dunes à pic, c'est l'exécrable baie,
La baie des Trépassés, blanche comme la craie,
Son sable est fait des ossements broyés
Et les cris de ses bords sont les cris des noyés.

Le guide nous arrache à notre rêverie pour nous montrer l'étang de Laoual, que nous n'avions pas encore aperçu, situé sur l'un des emplacements présumés de la ville d'Ys engloutie au ve siècle, puis nous conduit sur la baie tristement célèbre. Cette baie est comprise entre les récifs de la pointe du Van et les rochers de la pointe du Raz dont nous parlerons plus tard. C'est de là, si l'on en croit la tradition celtique, que les druides étaient embarqués après leur mort pour être transportés à l'île de Sein qui se détache au loin, perdue dans les flots.

La mer va bientôt revenir, les vagues sont énormes.

Elles renverseraient un homme tellement elles sont hautes, tellement elles sont puissantes, nous dit Cloarec. Regardez ce sable ? il n'est peut-être pas un seul endroit où il soit si séduisant, eh ! bien, ce ne sera jamais le sable d'une plage renommée, et cependant... ce serait l'aisance pour tous, la fortune de quelques-uns peut-être. Ici, la mer est mauvaise, traître, fausse, perfide ; on la craint et on la redoute. Les vagues arrivent carressantes, mais à certaines heures, en se retirant, elles entrainent le sable où elles se jouent et entraineraient les baigneurs avec elles. Ce n'est pas tout. Il y a pis encore : les lames de fond. Supposez une mer tranquille, calme, ensoleillée, une mer qui incite à la promenade, une mer telle que la désirent ceux qui craignent les traversées. Brusquement, sans que rien ne le fasse prévoir, elle s'entrouve et vomit une vague monstrueuse, féroce, qui happe et arrache tout ce qu'elle rencontre, puis rentre avec sa proie dans les profondeurs des abimes. Combien de barques ne sont jamais revenues au port ! Combien d'imprudents n'ont jamais reparu ! Voulez-vous une histoire ? Voici la plus impressionnante que je connaisse.

Il fit une pause, puis continua :

— Elle s'est passée en 1870, à Penmarc'h, sur des amas de rochers que vous apercevrez là-haut, près de l'ancien phare, quand vous serez remontés sur les falaises. J'avais alors douze ans, et depuis cette époque mon père me l'a souvent racontée. Les vieillards la rappellent encore quand un de ces affreux malheurs arrive. M. Levainville, préfet du Finistère, relevé de ses fonctions depuis quelques semaines, avait organisé une partie de plaisir sur les bords de la mer. Le commencement de l'automne était relativement chaud cette année-là. En dehors de sa femme, une très jolie personne de trente ans à peine, et de sa fillette Marie-Gabrielle, une enfant de neuf ans, il avait invité un de ses bons amis, M. Duchatellier, et la belle-sœur de ce dernier, Mme Dresch, en lui recommandant surtout d'amener son fils Georges, un grand garçon de dix-sept ans qui faisait ses études, et sa fille Marguerite, d'une douzaine d'années. Une amie commune, Mme Houssel, femme d'un sous-préfet, avait été également invitée. Le rendez-vous était au rocher de Tal-Ifern (entrée de l'enfer), désigné ainsi parce qu'il surplombe des gouffres qui rendent rarement ceux qui ont le malheur d'y tomber. Ce rocher est situé au nord-ouest de la chapelle Saint-Guinolé, et il y avait alors, quelques mètres plus haut, une maisonnette appartenant à l'un des invités. Vous me pardonnerez tous ces détails, mais ils sont nécessaires pour que vous compreniez bien l'atroce tragédie qui va se jouer à cette place. Donc, le 10 octobre, par une journée pleine de soleil, par une mer belle et calme, se brisant à peine au pied des rochers, la colonie au grand complet se trouvait réunie sur la roche sauvage. Il est inutile de dire que tout le monde était de joyeuse humeur et que la gaieté régnait en maître ; d'ailleurs peut-il en être autrement quand il y a des enfants ? Vers deux heures, à peu près à mi-marée, Mme Dresch et MM. Levainville et Duchatellier se levèrent et s'éloignèrent en causant. A ce même moment, Mmes Housset et Levainville faisaient de la broderie, le jeune homme lisait un ouvrage, les fillettes s'amusaient. Les trois amis avancèrent une quinzaine de pas, puis, arrivés devant la cabane, ils s'arrêtèrent près d'un gamin qui leur demandait un sou. Ils allaient lui faire l'aumône quand soudain l'enfant s'enfuit épouvanté en poussant un cri strident : gare aun tars ! (gare à la lame !). Tous les regards se portèrent vers la mer. D'un bond, les cinq personnes assises sur la plate-forme furent debout. Une vague sourde, pesante, une vague horrible comme on n'en voit pas dans les tempêtes, montait rapidement et se précipitait en bouillonnant sur le rocher incliné. La petite Marie-Gabrielle se réfugia près de sa mère et les deux autres enfants s'avancèrent vers Mme Housset comme pour lui demander protection, mais affolées, saisies de terreur et d'effroi, les deux femmes reculèrent, reculèrent toujours, et au moment où sans le savoir elles allaient tomber dans le gouffre, la lame les atteignit, les enleva et les entraina avec elle. L'horrible drame n'avait duré que quelques secondes. A la stupeur succéda l'affolement. M. Levainville voulut s'élancer au secours des victimes : c'était courir à une mort inévitable, et sans M. Duchatelier qui dut employer la force et même la violence, le désespéré accomplissait sa terrible et farouche résolution. Appels, cris, pleurs, sanglots, déchirements des malheureux qui avaient vu emporter, l'un, sa femme et sa fille, l'autre, ses deux enfants. Les cinq infortunés, roulés par les tourbillons qui les entraînaient, apparurent sur les flots, disparurent et réapparurent une dernière fois. En plusieurs endroits l'écume était teinte de sang. Et les trois amis, impuissants, fous de désespoir, souffrant d'une souffrance sans nom, assistaient à cette affreuse agonie. Je ne sais pas raconter ces scènes déchirantes, mais quelles minutes angoissantes ce dut être ! Après son crime, la mer eut honte et rendit les cadavres. La désolation et la consternation furent grandes dans le pays, mais comment prévenir de tels malheurs ? En souvenir de cette catastrophe, une croix de fer fut scellée à plat, sur le rocher fatal, à l'endroit même où se produisit le tragique événement. Ce sinistre eut un un épilogue imprévu : ce fut pour une question de succession contre le préfet. La fille était-elle morte avant sa mère ? Il y eut un grand procès dans lequel plaida Jules Favre. M. Levainville eut gain de cause et hérita de son enfant qui fut déclaré avoir survécu à sa mère. Et maintenant, aux grottes !

Ces dernières paroles nous ramenèrent à la réalité.

Pour arriver aux grottes, il faut franchir des cuvettes remplies d'eau et monter sur les blocs recouverts d'algues marines très glissantes. C'est à ce moment que les petits garçons interviennent. Leur rôle commence dès qu'on leur a confié les objets qui encombrent, et fait qui est tout à leur honneur, ils s'empressent de partager avec leurs camarades afin que tous soient présents à la distribution des récompenses. Débarrassés de ce qui peut entraver les mouvements, nous commençons la marche sur le roc en prenant mille précautions pour ne pas tomber. Ce n'est pas que les chutes soient dangereuses, mais il est possible de se blesser ou tout au moins de prendre un bain forcé, chose particulièrement désagréable pour les toilettes des dames. Le guide indique la place où le pied peut se poser en toute sécurité, soutient dans les passages difficiles et descend dans l'eau pour permettre de traverser les endroits privés de pierres.

Les grottes ne sont remarquables que par leurs proportions l'une d'elles à soixante mètres de profondeur mais leur coloration est insignifiante si on les compare aux grottes de Morgat. Depuis des siècles, les eaux violentes s'élancent sur le granit qu'elles lèchent et mordent, puis, peu à peu, sous l'action de leurs efforts incessants, les morceaux se désagrègent et tombent. Avec le temps toute cette masse s'émiettera, se minera, s'écroulera, et chaque bloc à son tour sera attaqué, brisé, jusqu'à l'heure où le flot l'emportera pour le rouler et le réduire en poussière ou en galets.

Un véritable sentier de chèvres conduit au sommet des falaises et, à deux ou trois cents mètres de là, on fait face à l'un des plus beaux rochers qui entourent la pointe. Ce récif, à la forme d'un sphinx, est continuellement battu par les vagues qui retombent en chutes et en cascades neigeuses. Près de lui, un autre récif touchant au rivage, semble prêt à se détacher.

L'excursion de la matinée étant achevée, Cloarec nous donne rendez-vous après le déjeuner, mais il ne nous quitte pas sans nous parler de sa famille. Sur les dix enfants qu'il a eus, sept vivent encore; le plus jeune n'a pas huit ans. Tous les matins, avant de partir à l'école, il mange une bonne soupe et emporte pour son déjeuner un morceau de pain noir, du beurre ou du lard ; le soir, il mange ce qui se trouve. Avec ce régime là et l'air de la mer, on vit longtemps.

La pointe du Raz, nom que l'on donne au cap Sizun, le plus redouté de la Bretagne, est dominé par un immense plateau couvert de landes à moitié brûlées par le soleil. Une armée y évoluerait facilement. Peu de constructions sur ces terrains incultes : deux hôtels, un phare transformé en sémaphore, la statue de Notre-Dame-des-Naufragés, et quelques maisons pour loger les gardiens des phares qui ont été élevés dans le Raz, l'un, dans le prolongement de la pointe, l'autre, devant la baie des Trépassés.

Bien que ces phares ne soient éloignés que de dix-huit cents mètres, les gardiens partent pour une semaine entière et emportent avec eux des provisions pour leur nourriture. Le beau temps ne favorise pas toujours leur retour au foyer, et il arrive parfois, quand la mer est mauvaise, qu'ils sont quinze, vingt jours sans pouvoir revenir à terre. Ils se servent alors des réserves conservées pour les jours de détresse. Leur salaire est modeste en raison des responsabilités qu'ils encourent et de l'existence qui leur est faite, vivant le plus souvent exposés à l'humidité des brouillards, aux rigueurs du soleil et aux froids de l'hiver.

En sortant de déjeuner, nous trouvons Cloarec qui nous attend. Les gamins sont là aussi. Nous nous sommes cependant dessaisis de tout ce qui peut nous encombrer, mais cela ne les arrête pas, que nous réservent-ils encore ?

Une dame s'est jointe à nous.

Nous nous dirigeons vers une plate-forme sur laquelle des groupes se sont formés, et bientôt nous nous arrêtons devant un spectacle grandiose et impressionnant. Rarement nous avons subi une telle sensation. Nous sommes ici à la fin de l'ancien continent, au bout du vieux monde. Devant nous, autour de nous, c'est la mer immense, l'infini. Pas une voile ne se montre à l'horizon. Le ciel est gris, d'un gris sinistre, comme la mer. Sur notre droite, un éperon sort de terre et s'enfonce dans les flots. Cet éperon, c'est la pointe du Raz. Devant lui, c'est le raz de Sein avec ses rochers et son phare, puis encore en avant, l'île druidique de Sein, puis toujours en avant, le phare l'Ar-Men, puis, plus rien...

Longtemps on reste là, sans comprendre, presque sans voir, sous une influence qu'on subit, qu'on n'explique pas, mais qu'une parole, qu'un rien détruit, fait disparaître.

Le bec ou la pointe du Raz est un rocher déchiqueté par le vent et par les lames, un rocher hérissé de pointes et d'aspérités qui semble s'être effondré, et les blocs, en s'entassant les uns sur les autres, ont formé des crevasses, des tunnels, des entailles qu'habitent les noirs cormorans. Les vagues bondissent sur ces pierres, disparaissent dans les anfractuosités avec des bruits sourds, puis reviennent plus violentes pour se meurtrir et se briser. Les tempêtes sont terrifiantes. Les éléments déchaînés se ruent sur le promontoire qui semble prêt à s'écrouler, pendant que des rugissements horribles sortent des cavernes et répondent à la baie des Trépassés qui hurle lamentablement.

Le raz de Sein (1) qui s'étend de cette île au continent, est un courant d'une violence inouïe, extraordinaire, unique. Dans sa course furieuse, il change de direction suivant la marée et tourbil-

(1) Un raz est un courant marin.

lonne avec fracas autour des rochers qu'il rencontre.

« Jamais homme, dit un proverbe breton, n'a franchi le Raz sans avoir peur ni mal ». Ces passages dangereux, auteurs de tant de sinistres, n'arrêtent cependant pas les hardis pêcheurs qui, d'une main ferme, conduisent leurs barques à travers les innombrables écueils le plus souvent cachés par les vagues. Et pourtant, en traversant ces endroits redoutables, ils ne peuvent se défendre d'une crainte secrète et murmurent tout bas cette naïve prière : « Mon Dieu! secourez-moi, ma barque est si petite et la mer est si grande ».

Les vents d'ouest poussent les navires sur ces courants déconcertants qui les attirent, les entraînent et les brisent sur les récifs, mais le grand coupable, c'est la brume que la lumière des phares ne traverse pas toujours. Deux feux sont allumés dans le raz : celui de Thévennec, d'un rouge sanglant qui indique le malheur, et celui de la Vieille dont l'œil vert de sorcière montre la mort.

Faut-il parler des navires qui firent naufrage ? le martyrologe serait trop long. Le dernier vapeur qui sombra fut un charbonnier anglais, et sur les vingt-quatre marins qui périrent, quatorze reposent au cimetiere de Plogoff. Quant aux barques de pêche, c'est par milliers que le nombre s'élève.

L'île de Sein, la terre légendaire des druidesses, est à dix kilomètres de la pointe du Raz dont elle est le prolongement. La nature y est grave et triste ; pas un arbre n'y pousse, pas un arbrisseau ne s'y montre. Un bateau doit la mettre en communication avec Audierne, mais les départs et les retours ont lieu quand la mer le permet ; les voyageurs attendent quelquefois des semaines pour partir, pour revenir. Il y a trois ou quatre ans, on fut quarante-sept jours sans pouvoir ravitailler l'île.

Le dernier phare, c'est l'Ar-Men. Les flots ne voulaient pas qu'on le construisît : il fallut quinze années pour les vaincre. Pendront-ils un jour leur revanche ? en attendant, ils se vengent. Et ce phare, seul témoin de tant de naufrages, comme l'a si bien dit Bradizec : « pour combien n'a-t-il pas été le cierge suprême ? ».

Nous partons faire le tour de la pointe du Raz. La première partie n'est pas dangereuse et pour entreprendre la seconde il suffit d'être exempt de vertige. A distance, le rocher forme des animaux, des têtes humaines, des châteaux démantelés, des créneaux, des meurtrières, bizarreries qui s'évanouissent à mesure que l'on approche. La côte nord est facile à parcourir, toutefois, il est préférable de ne pas porter les yeux sur la mer qu'on aperçoit au-dessous de soi, à soixante mètres de profondeur.

Celui qui aime les émotions est servi à souhait sur l'autre versant qu'il ne peut aborder qu'en traversant un éboulement. En tenter l'escalade serait une folie, et il est plus simple de passer entre les roches éboulées que de s'exposer à une ascension qui pourrait être fatale. La manœuvre est d'ailleurs facile, prosaïque même. On s'assied sur une pierre, puis, les genoux rapprochés du corps, à hauteur du visage, on tourne sur son siège comme sur un pivot. Cette position serait même amusante si la présence de profondes déchirures ne donnaient à personne la pensée de rire et le droit de plaisanter.

A partir de ce moment, il n'est plus possible d'avancer sans se servir des mains. A chaque pas, c'est une roche nouvelle à gravir, un bloc nouveau à escalader ; si la roche est trop haute, le guide vous hisse par le poignet ou vous présente son genou comme une marche. Toute chute serait mortelle, mais l'on ne tombe pas si la tête et le pied sont solides.

Nous montons longtemps, sans nous retourner, sans même savoir où nous allons.

— Vous êtes au balcon, dit tout à coup Cloarec.

Nous nous arrêtons à sa voix.

Le balcon est une sorte de loge située à l'un des sommets les plus élevés de la pointe. De là, la vue est sublime et effrayante. C'est le vide, l'immensité, avec des brisants, des écueils, des courants, des rapides. Avec effroi on regarde le chemin que l'on vient de parcourir, avec inquiétude on cherche celui par où l'on devra descendre. Devant nous, une pierre est à moitié détachée : il faudra s'y appuyer pour partir. Dix guides ont éprouvé sa solidité à l'aide de grands leviers, mais il est difficile de se soustraire à un mouvement de crainte et à un sentiment d'inquiétude.

— Si pourtant elle s'écroulait ? dit la jeune dame qui nous accompagnait.

— C'est que notre destinée serait de mourir ici, répond son mari.

Dans le bas, des excursionnistes arrivent et lèvent les bras en nous voyant.

— Mais ils sont fous ! semblent-ils dire.

Ils ne se doutent pas que, sans y penser, ils viendront prendre notre place.

C'est le moment de partir.

Sortir du balcon n'est pas facile et le plus grand sang-froid est indispensable. Pour cela, il faut se placer derrière la pierre qui semble prête à tomber et s'y maintenir avec le pied droit pendant que l'autre pied cherche un appui dans une fissure. Soutenu par le guide, on reste ainsi suspendu à une hauteur qui donne le vertige, puis, on ne sait comment, on arrive à une bordure longeant un précipice.

— Le boulevard des Italiens, dit Cloarec en nous soutenant l'un après l'autre par le bras.

Nous passons devant le fauteuil de Sarah-Bernhardt, roc sur lequel s'est assise l'éminente artiste, et presque aussitôt nous dominons l'Enfer de Plogoff, gouffre aux parois rouge qui paraissent jeter des flammes lorsque le soleil brille. Au fond, les lames déferlent avec violence et forment des tourbillons qui se précipitent dans un entonnoir.

Il tarde d'être parti.

Et l'on continue à descendre. La marche est lente, silencieuse. Chacun veille sur soi, sur ceux qui sont proches. Au fond de l'Enfer, c'est l'horreur même et l'épouvante. Les vagues se poussent, se tordent, grimpent sur les murailles granitiques, et dans une course furieuse, tournent autour d'elles-mêmes avec un fracas qui fait frémir. On ose à peine regarder le gigantesque rocher taillé à pic. Dans le haut, des touristes apparaissent. Un frisson saisit en songeant qu'on a passé par là. S'il survenait un accident, ce serait la fin de tout.

Remontons vite, on respire mal.

Encore des rochers ! encore des déchirures ! nous n'en finirons donc jamais ? les minutes paraissent interminables et il y a près de deux heures que nous sommes perdus dans ce désert de pierres désolées !

Enfin ! nous touchons au plateau.

Grossie par l'imagination, la pointe parait fantastique. Quand nous revoyons les passages que nous avons traversés et les endroits où nous nous sommes arrêtés, nous ne pouvons comprendre comment nous avons pu agir avec une telle imprudence et une telle témérité. Et cependant... nous voudrions revivre encore cette journée.

A peine sommes nous sortis qu'une brume épaisse s'élève sur la mer. L'île de Sein disparaît rapidement, puis les récifs, puis le phare de la Vieille, puis l'extrémité du promontoire. On comprend alors les naufrages.

Et les gamins qui nous suivaient ? Ah ! les braves petits ! comme ils avaient eu raison de nous accompagner ! il fallait les voir grimper et dégringoler à travers les rochers ! ils se trouvaient toujours au moment où nous avions besoin de leurs petites mains déjà fermes, et qui sait ? ils nous ont peut-être empêchés de perdre l'équilibre et de rouler dans l'abîme,

Le Finistère possède dans la presqu'île de Crozon — une contrée intéressante encore peu fréquentée —. un coin merveilleux que nous aurions regretté de ne pas aller visiter. Il s'agit de Morgat, ou plutôt des grottes de Morgat.

On s'y rend de Brest et de Douarnenez. Nous y sommes passés en revenant d'Audierne.

Douarnenez, premier port sardinier de la Bretagne, est situé sur la magnifique baie qui porte son nom. C'est une ville mal bâtie, fortement empreinte d'un goût désagréable de marée qui provient de ses nombreuses confiseries de sardines.

Il n'est guère possible de s'arrêter ici sans s'occuper de ce petit poisson vert, aux tons bleuâtres, argentés, tout nacré de nuances roses, qui tient une si grande place dans la vie de la population si active et si laborieuse.

La pêche est annoncée en juin par l'arrivée de véritables troupeaux d'oiseaux sauvages qui se précipitent dans la mer pour saisir la proie qui leur est offerte. Elle finit en octobre. Les barques, généralement montées par quatre ou cinq hommes, sont conduites sur l'emplacement choisi par le patron, et, sur son ordre, les filets sont tendus, la rogue [1] est jetée. L'attente est courte. Les filets retirés, les sardines sont immédiatement délivrées des mailles

(1) La rogue est un appât qui vient de Norvège.

qui les enserrent et placées dans des barils entre de nombreux rangs de sel. Il s'engage alors une véritable course entre les pêcheurs qui vendent leur poisson à un prix d'autant plus élevé que leur arrivée au port est rapide ; ainsi, quand la sardine donne, un bateau en rapporte de douze à quinze mille qui sont achetées, aux premières barques, sept francs le mille, et aux dernières, soixante-quinze centimes. Chaque année, on amène à Douarnenez cent millions de ces poissons.

Aussitôt à la confiserie, la sardine est lavée, des femmes lui enlèvent la tête et les intestins, des enfants les mettent par grosseurs. Elle est ensuite passée en saumure puis lavée à nouveau. Le séchage suit ce dernier travail. Cette opération est la plus délicate et la plus importante de toutes, car si le temps est brumeux ou pluvieux, la décomposition se produit rapidement et le poisson doit être jeté ou détruit. Aussi, dans les usines modernes, les industriels se servent-ils de séchoirs mécaniques qui leur évitent de graves mécomptes et de grosses pertes d'argent. Il ne reste plus qu'à plonger la sardine dans de l'huile bouillante pendant deux ou trois minutes et à commencer le travail de la mise en boites. C'est alors que les ferblantiers interviennent et procèdent à la soudure des couvercles. Cette manipulation achevée, les boites sont placées dans des coffres fortement chauffés pour être soumises à une stérilisation assez prolongée, et enfin, des mains habiles fixent à l'aide de quelques gouttes d'étain, les petites lames destinées à maintenir la clef nécessaire à l'ouverture des conserves. Il est bien entendu que nous passons sous silence diverses questions de détail qui ne sont d'ailleurs que d'un intérêt secondaire. En dix heures, il est possible de manger une sardine prise, mais elle ne possède réellement ses qualités qu'après un an d'emboîtage.

Au moment de prendre le vapeur qui doit nous conduire à Morgat, nous assistons au départ de la flotille des sardiniers. Douze cents barques sont au port. Pieds nus et pantalons retroussés, les pêcheurs arrivent les uns après les autres, prennent leur repas dans les embarcations, puis, poussés par la brise qui s'élève, les bateaux partent par files, s'éloignent rapidement, sillonnent la baie. Pendant que nous admirons ce curieux et captivant spectacle, le soleil achève de descendre à l'horizon, et ses derniers rayons éclairent toujours les voiles qui ressemblent à de grands oiseaux dont les ailes diminuent à mesure qu'ils s'éloignent du rivage.

Nous sommes seuls passagers, et pendant près de deux heures nous pouvons nous croire les maîtres du navire. La mer, très agitée hier, est calme aujourd'hui ; si ce n'était le roulis qui se fait un peu sentir, nous croirions naviguer sur un lac. A hauteur de la pointe du Van, les côtes sont encore teintes par le jour qui fuit, et la vue s'étend sur un amphithéâtre de collines qui forment un immense panorama souvent comparé à celui que l'on découvre à l'entrée de la baie de Naples.

Quand nous arrivons, les étoiles illuminent la nuit et la lune projette sa clarté d'argent sur les flots.

Morgat est un petit pays de pêcheurs caché au fond d'une anse, à quinze cents mètres de Crozon, le chef-lieu de canton le plus peuplé du département. Sa plage de galets n'est guère fréquentée que par les familles brestoises, mais ce qui lui donne un réel intérêt, ce sont ses grottes aux colorations étranges.

Ces grottes se classent en deux catégories : les petites, visibles à marée basse, et les grandes, accessibles seulement en bateau et à mi-marée. Si la mer est trop haute on ne peut pénétrer dans toutes ; si elle est retirée, l'accès de quelques-unes est rendue impraticable par la présence des roches à peine recouvertes par les flots.

L'embarquement se fait à dos de matelot devant les hôtels. La promenade dure deux heures.

La barque double la pointe de Gador, passe devant une roche percée et pénètre dans la grotte Sainte-Marine, remarquable surtout par la limpidité de son eau. Cent mètres plus loin, trois autres salles communiquant par un passage souterrain et éclairées par une cheminée, sont teintes d'un vert clair qui a donné à l'une d'elles le nom d'Antichambre-du-Diable.

Il faut aller de l'autre côté de l'anse, pour trouver les plus jolies grottes, l'Autel et le Foyer, toutefois le ressac empêche souvent de pénétrer dans cette dernière qui, par suite d'un mirage, offre aux yeux étonnés le spectacle d'une flamme léchant les murs.

En entrant dans la grotte de l'Autel, désignée ainsi parce que vers son milieu un immense bloc émerge des flots, on se demande si l'on n'a pas été transporté dans un de ces coins féeriques comme il s'en trouve dans les contes d'Orient. Partout de l'or, des marbres rares, des pierres précieuses. Pêle-mêle, les agates se confondent avec les jades et les turquoises, des blocs de porphyre enchâssent des jaspes et des onyx, des veines roses séparent des lapis et, par un contraste que l'on ne peut comprendre, des lambeaux de chair humaine sont suspendus près de ces richesses inestimables. Est-ce le dragon ailé, gardien de ces trésors qui a exposé les restes de ses victimes, malheureux imprudents qui ont osé profaner le sanctuaire des divinités sacrées ? Tous les tons se modifient et deviennent plus clairs ou plus foncés selon que l'on s'approche ou que l'on s'éloigne de l'entrée par où la lumière pénètre. Cette patine de pierres précieuses est due aux émanations des sels marins qui donnent aussi l'éclat des facettes brillantes. Et pendant que l'on est en extase, les vagues arrêtées dans leur course par le rocher, entrent violentes dans la grotte avec un bruit qui se repercute dans les parties inexplorées, soulèvent la barque qui fait deux ou trois soubressauts et la briserait sur les parois si les matelots n'arrêtaient pas le choc avec leurs longues rames.

Le pèlerinage de Sainte-Anne-d'Auray est la fête religieuse la plus populaire et la plus pittoresque de cette vieille terre de la foi et du miracle qui, malgré tout, est restée fidèle à ses croyances et inébranlable dans ses principes. La Bretagne toute entière est réunie à cette imposante solennité avec ses costumes, ses mœurs, sa langue, ses traditions ; c'est un des plus beaux spectacles auquel il est permis d'assister, et celui qui n'a pas été le témoin des nombreuses scènes qui s'y produisent, ne peut se faire une idée de ce qu'est ce pardon plusieurs fois séculaire.

Nous nous y sommes trouvés en 1907, l'année qui suivit la séparation de l'Eglise et de l'Etat : quarante mille bretons étaient venus affirmer leurs convictions et demander l'espérance à sainte Anne, la mère de Marie, l'aïeule du Christ.

Sainte-Anne-d'Auray ne se trouve pas à Auray comme on pourrait le supposer, mais au hameau de Sainte-Anne, dépendance de la commune de Plumerel.

Les fêtes avaient commencé la veille de notre arrivée par des vêpres solennelles, un sermon prononcé en breton par l'évêque de Saint-Brieuc, et par une imposante procession aux flambeaux autour de l'esplanade et de la basilique. Dix mille personnes — dont deux mille de Nantes — assistaient à ces cérémonies, mais le « grand jour », c'était le lendemain, le 26 juillet, impatiemment attendu des croyants.

Nous arrivons par un des premiers trains du matin. A chaque station, au milieu des groupes conduits et dirigés par des prêtres, des hommes portent des croix démontées, des hampes de drapeau, des boites contenant des bannières. Faute de place dans les wagons, de nombreux pèlerins restent sur les quais ; ils le font sans impatience, sachant qu'après ce train-là il en passera un autre, puis un autre encore jusqu'à ce que le flot des voyageurs soit épuisé.

L'arrêt a lieu à la station de Sainte-Anne dominée par la statue de la sainte. Il se produit alors une véritable cohue. Les pèlerins qui descendent se heurtent à ceux qui, venus la veille, veulent repartir. On dirait deux murailles qui se rencontrent et se brisent. Tout le monde veut monter et descendre à la fois. C'est un moment indescriptible. Des cris se font entendre, des paroles vives sont échangées, des bourrades même sont distribuées. Mais, petit à petit, les rangs se confondent, se traversent ; l'ordre revient, le calme renait. Chacun se case comme il peut, tant bien que mal. Plutôt mal que bien. J'aide une femme et ses quatre enfants à monter dans un compartiment déjà complet ; un des mioches, accroché à ses jupes et à demi-étouffé, pleure toutes les larmes de son corps.

Devant la gare, de nombreuses tapissières attendent. Les cochers, en petites blouses, interpellent les voyageurs, ferment les portes de leur véhicule, sautent sur leur siège et fouettent leurs chevaux qui partent au trot en faisant joyeusement sonner leurs grelots. La plupart de ceux qui arrivent font le trajet à pied, par la route et les raccourcis. Trente minutes de marche dans la brume matinale sont d'ailleurs vite passées, surtout lorsque le chemin est bordé de détaillants qui vendent du pain étalé sur des planches, du cidre qu'ils tirent des tonneaux placés sur des tables, de la viande froide qu'ils découpent au gré de l'acheteur.

Les trains se succèdent sans interruption, les routes sont sillonnées de charrettes et d'attelages rustiques, de femmes portant leur parapluie et le panier aux provisions, d'hommes ayant un pen-baz à la main et quelquefois un marmot sur l'épaule. Quand tout ce monde-là sera-t-il arrivé ? Où le casera-t-on ? La nuit dernière, ceux qui n'ont pu trouver asile à la basilique ont dû coucher à la belle étoile.

Les maisons se sont transformées en buvettes, en restaurants et en hôtels. Devant les portes, des tables sont dressées, interrompant la file des voitures ; quelques-unes même, en prévision du mauvais temps, sont recouvertes de bâches soutenues par de longs cerceaux fichés dans le sol.

Sur l'immense place comprise entre la basilique, la scala et la fontaine miraculeuse, des aveugles, manchots, culs-de-jatte, béquillards, clament à tue-tête en tendant leur sébile :

— Braves chrétiens ! ayez pitié d'un pauvre malheureux, s'il vous plait !

La foule grouille. De nouveaux pèlerins arrivent sans cesse, venant de partout, de la Loire à Brest, de Saint-Brieuc à l'Océan.

Tous les costumes sont représentés.

Les hommes ont toujours le gilet à plusieurs rangs de boutons, toujours la veste noire au col de velours relevé, toujours le grand chapeau entouré d'un large ruban, si large que parfois il dépasse le fond de la coiffure. De temps en temps, comme des taches éclatantes, les vestes bleues des paysans de Plougastel apparaissent, et les ceintures rouges des gars de Carhaix font escorte aux vestes blanches des « moutons de Pontivy », comme les blagueurs les nomment en riant.

Tout en noir sont également habillées les Bretonnes au corsage décolleté dont les manches évasées sont garnies de velours, mais que de variétés dans les coiffures depuis celles de Saint-Brieuc qui ressemblent à deux grandes ailes jusqu'à l'étroite et plate dentelle des rennaises! Certaines sont attachées sur le côté du visage à l'aide de brides de tulle, d'autres imitent des casques pointus, d'autres encore se posent gentiment avec un petit air mutin. En voici d'étranges qui viennent des îles lointaines, en voilà de Quimper qui ressemblent à des toques élégantes. Plus rares sont les capelines pointillées gris de Vannes et les capots noirs que les femmes de Locminé mettent en signe de deuil. A chaque pas, les fichus de soie à franges de Concarneau croisent les tabliers de couleur de Quimperlé et de Carnac, s'arrêtent près des bigoudènes de Pont-l'Abbé au corsage brodé d'or et à la coiffure formée de morceaux de drap ou de velours éclatant. Les jeunes filles les plus gracieuses et les plus coquettes sont de Fouesnan et de Pont-Aven : leur large col plissé et légèrement relevé fait ressortir leur beauté... quand la beauté existe.

Le costume, certes, ne manque pas de grâce, mais il faut bien l'avouer, les jolis types sont rares. Plutôt petite et forte, la Bretonne a les cheveux lissés à plat, les yeux bleus sans expression, la figure naïve et souvent couverte de rousseurs ou de taches jaunâtres. Beaucoup de Bretonnes aussi sont brouillées avec la propreté. Le visage, reconnaissons-le, est convenablement nettoyé, mais il ne faut pas regarder de trop près le tour du cou et le dessus des poignets. Plusieurs sont venues au pèlerinage sans avoir ciré leurs sabots : elles les ont simplement raclés avec un couteau et les traces de boue restent visibles. Des fillettes mettent des chaussures... en bois dans lesquelles les pieds de leur maman seraient à l'aise, des gamins portent des chemises en grosse toile et des pantalons trop longs ayant certainement appartenu à leur frère aîné. Bah ! ils grandiront.

On rencontre chez les hommes des physionomies curieuses à étudier, surtout chez les vieillards dont la rude figure paraît avoir été taillée à coups de hache. Nous avons encore en mémoire deux bons vieux, au chupenns[1] usés, aux chapeaux râpés et privés de poils, qui se retrouvèrent après de longues années de séparation. Un éclair illumina un instant leur masque impassible. Ils prononcèrent quelques mots, se regardèrent avec attention, puis reprirent leur marche, l'un, boitant, s'appuyant sur un gros bâton, l'autre, baissant les épaules, fixant la terre. A quoi pensaient-ils ? aux jours heureux d'autrefois ? aux malheurs qui les ont atteints ? à leur rencontre imprévue ? Peut-être se posaient-ils le redoutable problème :

— Nous reverrons-nous encore, serait-ce la dernière fois ?

Nous nous écartons un peu de l'Océan humain pour nous rendre à la Scala édifiée à l'extrémité de la vaste place faisant face à la basilique.

---

(1) La chupenn est une veste plus courte que le gilet. Elle s'arrête sur le milieu du dos.

La Scala Sancta est un autel couvert, en plein air, élevé à la hauteur d'un étage, auquel on accède par deux escaliers latéraux. Sur ces escaliers, des fidèles gravissent les marches à genoux, gagnant ainsi les indulgences promises. C'est à cet autel que s'officiera dans quelques heures la messe pontificale, messe qui se dit chaque année à l'occasion du grand pardon.

La fontaine miraculeuse est séparée de la Scala par la route. C'est un monument en pierre, de forme carrée, avec deux vasques d'où l'eau s'échappe par de nombreuses ouvertures pour s'écouler dans une piscine en contre-bas de plusieurs marches. Des pèlerins boivent à la fontaine, se lavent les yeux et le visage, emplissent des bouteilles qu'ils emporteront pour les absents, se trempent les mains et les pieds dans la piscine. Parmi les nombreux groupes qui se forment autour de nous, il en est un surtout qui nous intéresse particulièrement : celui d'une femme à genoux devant l'eau miraculeuse, tenant devant elle un petit bébé en sabots et buvant à son sein. Tableau d'une beauté simple et touchante.

D'après la légende, sainte Anne apparut en 1633 à un paysan nommé Nicolazic et lui commanda de construire une chapelle à un endroit désigné. On commença par traiter de fou le paysan, mais le basard ayant fait découvrir une statue à demi pourrie de la sainte à la place indiquée, la chapelle fut construite.

C'est notre mère à tous, mort ou vivant, dit-on,
A Sainte-Anne, une fois, doit aller tout Breton.

La modeste chapelle a fait place à une imposante église construite dans le style de la Renais sance. Une tour et une haute flèche couronnée de la statue de sainte Anne la dominent, des tourelles élégantes rehaussent son portail et ses transepts.

Autour de l'esplanade, dans de modestes baraques, des marchandes vendent des cierges, des chapelets, des christs, des médailles, des scapulaires, des images saintes. Sur les murs intérieurs et extérieurs de l'église, des pancartes portent ces mots : « Veillez sur vos porte-monnaie ».

La basilique est pleine de monde et ce n'est pas sans peine que nous parvenons à nous frayer un passage. Nous sommes ici en présence d'une véritable manifestation de la foi. Les Bretons sont venus de tous les coins de la province pour demander la guérison d'un malade, le miracle qui doit faire marcher l'infirme aimé, pour gagner un peu de bonheur dans la vie éternelle. Tous croient, espèrent. Hommes et femmes se signent, se prosternent, s'agenouillent sur la pierre, sans voir ceux qui passent ni ceux qui les regardent. Dans leurs mains, ils tiennent un chapelet ; près d'eux, ils ont un bâton, un parapluie, le panier aux provisions qu'ils ne quitteront même pas pour la messe pontificale.

La nuit s'est passée en cantiques, en allocutions et en rosaires. Depuis quatre heures du matin, quatorze messes se disent à la fois dans les chapelles ; depuis la veille au soir, les confessionnaux sont entourés, assiégés, et les confesseurs épuisés sont remplacés par d'autres confesseurs. L'encens brûle partout, des chants s'élèvent dans le sanctuaire. En deux endroits, un homme suit à peine à enlever les cierges allumés que des personnes apportent ; près d'un autel, un chapelain bénit les objets que des mains pieuses lui présentent. Au chœur, on communie. A quelle heure la communion a-t-elle commencé? ce que nous savons, c'est qu'à deux heures de l'après-midi l'on communiait encore.

Il est difficile d'approcher de la chapelle privilégiée toute étincelante de lumières, toute parée de l'ostensoir, de marbres sculptés, de chandeliers massifs, de vases sacrés, de livres liturgiques, de lampadaires : sainte Anne intercède pour tous. C'est pourquoi les prières sont plus ardentes et l'adoration plus recueillie. Sur le côté de la chapelle, au-dessus d'un plateau, des reliques sont exposées à la dévotion des fidèles, mais l'affluence est si grande que l'on doit attendre longtemps avant de pouvoir déposer son offrande en baisant le reliquaire. La statue de saint Pierre offerte par les zouaves pontificaux est aussi l'objet d'une vénération particulière, mais de la part des hommes seulement : ils passent leurs mains sur les pieds du saint qu'ils baisent ensuite. Nous n'avons pu savoir quel était le but de ces attouchements respectueux.

Derrière la basilique, les galeries d'un ancien cloître entourent une cour intérieure et abritent un chemin de croix devant lequel des groupes sont agenouillés. Au milieu de la cour, des jeunes filles se prosternent au pied d'un calvaire et, leur prière achevée, piquent des épingles au bas de la croix afin d'obtenir un époux dans l'année. Si l'on en juge par le nombre des épingles présentes, elles sont nombreuses celles qui ont demandé un époux bien pieux, bien aimant et bien... breton. Des centaines de carrés de marbre gravés de témoignages de reconnaissance sont scellés dans les murs des deux passages qui conduisent au cloître. Voici quelques-unes des inscriptions que nous avons relevées : « Vous avez exaucé mes vœux, merci. — Soyez bénie, vous qui avez conservé mon fils. — Merci pour m'avoir fait réussir au baccalauréat. -- J'allais périr en mer, vous m'avez sauvé, merci. »

A dix heures, les puissantes voix des cloches annoncent le départ des processions réunies aux différentes entrées du village et, précédés du clergé, deux archevêques et six évêques entourent l'arche d'or qui supporte la sainte vénérée. La musique de Quimper et les jeunes Nicolazies ouvrent la marche, les délégations suivent, guidées par les croix des églises, les bannières des paroisses, les oriflammes des confréries. Le cortège passe difficilement à travers les rangs de la multitude qui chante et prie, puis pénètre par trois portes dans la vaste place du Champ-de-l'Épine où la foule s'entasse de plus en plus. On dirait une mer vivante avec des remous inattendus.

Les huit évêques, revêtus de leurs ornements pontificaux, gravissent lentement les marches de la Scala décorée de fleurs, de tapisseries et de verdure, et arrivés près de l'autel, font face à l'assistance qui grossit toujours. Des clairons se font entendre : c'est un signal. Les drapeaux et les bannières s'inclinent devant l'image de sainte Anne, les croix restent debout, les prêtres et les fidèles entonnent le *Magnificat*. Le coup d'œil à ce moment est magnifique. Le soleil se met de la fête, ses rayons éclairent la Scala, des éclairs jaillissent des crosses et des mitres d'or.

Ce récit étant rigoureusement exact, nous devons relater un incident amusant qui se produisit au début de la cérémonie. Il avait été convenu que les pèlerins cesseraient leurs chants au moment du *Magnificat*, mais les autorités ecclésiastiques n'ayant pas espéré un défilé aussi important et la présence des prélats ne permettant pas d'attendre la fin du cortège, les supérieurs décidèrent de commencer l'hymne sacré avant l'instant prévu. Or, voici ce qu'il advint. Les groupes qui arrivaient n'étant pas prévenus de la décision que l'on venait de prendre, continuaient à chanter malgré les signes discrets d'abord et énergiques ensuite que leur faisaient les recteurs. Les chants et les signes continuèrent longtemps ainsi au grand désespoir des abbés, car lorsqu'ils étaient parvenus à arrêter les voix des derniers arrivants, d'autres groupes paroissiaux suivaient et tout était à recommencer.

L'évêque de Quimper officie et celui de Nantes prononce le sermon qu'il termine par ce cri de supplication : « O sainte Anne, garde au cœur des Bretons la foi des anciens jours ». Pendant la messe les fidèles sont debout ou agenouillés, des milliers de voix répondent aux chants de la tribune. La cérémonie achevée, les processions se reforment lentement, puis croix en tête et bannières déployées, elles reconduisent à la basilique les huit évêques qui, sur le parvis, donnent leur bénédiction à la foule massée dans les avenues et sur l'esplanade.

C'est maintenant l'heure du déjeuner, le triomphe du panier aux provisions. Les langues se délient, les groupes se forment, les amis se cherchent et s'appellent. Des constructions en pierres servent d'abri quand la pluie tombe ou que le vent souffle, mais aujourd'hui elles sont dédaignées et délaissées. On s'assied sur l'herbe, sur les bancs, sur les voitures, sous les porches. Dans les auberges il faut attendre son tour pour prendre place aux tables dressées devant les murs et les maisons. Très peu de personnes commandent à déjeuner, le plus grand nombre se contentent de demander du cidre pour boire avec les victuailles qui ont été apportées.

Cette année, le pardon est un vendredi, et en raison de cette circonstance, les pèlerins sont autorisés à ne pas faire maigre, à la condition cependant de réciter quelques *Pater* et quelques *Ave* pour mériter cette faveur.

Nous avions délaissé l'hôtel pour vivre avec les Bretons et les approcher de plus près.

Nos voisins de table mangent une beurrée, puis une sorte d'andouille noire qu'ils coupent sur leur pain. En face de nous, il y avait un homme que nous regardions curieusement. Devant lui, sur un bout de journal, s'étalait un morceau de viande froide — veau ou porc rôti — qui, sans exagération, pesait bien un kilogramme. Peut-être plus. Nous ne pensions jamais qu'il eût l'intention de tout dévorer — dévorer, c'est le mot — mais les bouchées se succédaient sans interruption et, petit à petit, le morceau diminuait de volume. Le plus extraordinaire, c'est que notre Breton absorba le tout sans boire. A deux reprises, le garçon de service lui avait dit :

— Voulez-vous une bolée ?

L'homme était resté impassible, sans entendre, sans voir, continuant à couper sa viande.

— Il va étouffer, disions-nous. Tout y passa. Le mangeur ne laissa rien et n'étouffa pas. Quand il eut fini, il ferma son couteau, le mit dans sa poche et s'en alla tranquillement comme s'il eût déjeuné seul, chez lui.

Les départs avaient commencé avant les vêpres à la Scala qui terminent la grande assemblée des fils de Bretagne.

Sur la route et dans les chemins, ce ne sont que des charrettes, des chapeaux noirs et des coiffes blanches. A la gare, l'encombrement est encore plus important que le matin à l'arrivée des pèlerins. Les employés sont débordés : ils ne savent à qui répondre et ne peuvent empêcher les voyageurs de s'asseoir sur les quais et sur les rails. Les trains arrivent lentement par crainte d'accident. Lorsqu'ils partent, des hommes agitent les mains, des femmes, la figure éclairée par une joie visible, font le signe de la croix et disent :

— Adieu, sainte Anne !

La superstition naît de l'ignorance et du malheur : l'ignorance est encore profonde et les malheurs sont fréquents dans la vieille province. Des régions entières dédaignent le français pour le breton, idiome qui a ses dictionnaires, ses grammaires, ses romans, ses poésies, ses chefs-d'œuvre ; à Penmarc'h, ville qui dépasse cinq mille habitants, plus des trois quarts de la population ne comprennent pas notre langue.

Beaucoup de traditions populaires se perdirent avec les années comme celles qui ont subsisté se perdront par la suite des temps.

A Lamballe, au moment de célébrer la messe de minuit, le recteur faisait répandre de la paille pour rappeler que le Christ était né dans une étable. Dans la ville de Quimperlé, les personnes affligées de névralgies se rendaient à l'église Sainte-Croix, attachaient leur chevelure à une chaine fixée près du tombeau de saint Gurloés et tiraient violemment. La guérison suivait ou devait suivre.

Au siècle dernier, il se tenait à Penzé ce qu'on a longtemps appelé la foire aux mariages. Elle avait lieu au printemps, c'est-à-dire à l'époque où la nature est plus souriante, où les cœurs sont plus tendres. Les jeunes filles, parées de leurs plus beaux habits, s'assayaient sur le parapet du pont et les jeunes gens faisaient leur choix vraisemblablement convenu d'avance. Les parents s'approchaient à ce moment et les pourparlers s'engageaient. Si les familles tombaient d'accord, elles se tapaient dans les mains : les accordailles étaient faites.

A peu de distance de Callac, une chapelle fut témoin à de véritables batailles entre les habitants des pays voisins qui, tous les ans, se disputaient la bannière de saint Gervais, bannière dont la possession leur garantissait les faveurs du saint. D'après un témoignage de l'époque, les femmes se jetaient dans la mêlée et n'étaient pas les moins vaillantes. « Elles mordaient et griffaient », et à la suite du combat, plus d'un homme était ramené « crachant le sang, les bras rompus, la tête brisée ».

Il y a une soixantaine d'années, au village de Moreux, les pèlerins se rendaient à la fontaine consacrée à sainte Eugénie et s'entouraient le front d'un cordon de cire qu'ils allumaient ensuite. Ils récitaient alors les prières d'usage et jetaient des épingles dans la fontaine à mesure que les gouttes s'échappaient du cordon de cire.

On conserve précieusement à Quentin un fragment de la ceinture de la vierge que les prêtres confiaient aux femmes enceintes pour qu'elles puissent obtenir « un heureux et facile accouchement ». Cette pratique a été abandonnée, la ceinture ayant sans doute perdu son pouvoir merveilleux. Lointaine est aussi l'habitude des femmes de Roscoff qui, le jour où l'on disait la messe dans la chapelle de saint Ninien, ramassaient de la poussière et la jetaient dans la direction de la mer afin que leurs maris aient un vent favorable pour le retour au port.

Signalons maintenant quelques coutumes qui se sont conservées.

Nous avons vu que pour ne pas coiffer sainte

Catherine les jeunes filles allaient à Sainte-Anne piquer des épingles au pied de la croix placée derrière la basilique ; le même fait se produit à Ploumanac'h, mais là, les épingles sont piquées sur saint Guirec dont la bienveillance est acquise aux demoiselles qui s'adressent directement à sa toute puissance.

A Pont-Aven — ville de renom, quatorze moulins, quinze maisons, dit le proverbe — le soir d'un mariage, les parents et amis assistent au coucher de la mariée. Les plaisanteries de circonstance sont de rigueur et ce serait déchoir que de vouloir s'y soustraire. Lorsque le mari a pris place dans la couche nuptiale, les invités dansent une ronde et se retirent en chantant.

Les nouveaux mariés de Plouarzel ne manquent pas à la coutume de se frotter contre les bosses d'un menhir, l'homme pour avoir des garçons et la femme pour être la maitresse de la maison. Un mari doute-t-il de la fidélité de sa femme? vite il la conduit au hameau de Kérouel et lui fait toucher la pierre branlante. Si la pierre remue, l'innocence est proclamée ; si elle résiste, la culpabilité ne fait aucun doute. Le mari est fixé sur son malheur.

Les femmes qui désirent la maternité se rendent au pardon de Bullat et jettent des épingles dans les fontaines. Gaston Geffroy, dans son remarquable ouvrage sur la Bretagne, relate qu'une personne fit trente kilomètres sur ses genoux pour assister à ce pardon. Locronan possède également une roche, « la Jument de Pierre », dont la propriété est de faire cesser la stérélité ; quelques désespérées se résignèrent même à coucher plusieurs nuits de suite sur cette roche afin que leurs flancs pussent être rendus féconds. Tous les sept ans, le plus digne des paroissiens de cette dernière commune porte la bannière à une procession dont l'origine se perd dans la nuit des temps ; cette faveur spéciale lui assure des enfants mâles et de bonnes récoltes.

On se rappelle, qu'à Carnac, les bêtes à cornes sont menées à saint Cornély pour être garanties des maladies épidémiques ; une cérémonie analogue a lieu à Saint-Herbot, mais les offrandes diffèrent : ce sont des queues de vaches et de bœufs qu'on dépose dans une auge placée près de l'autel. Le recteur retire de ces offrandes un bénéfice annuel de quinze cents francs, chiffre qui double encore après une période épizootique. Lorsque les charretiers sont conduits par leurs travaux sur la route de Landerneau à Brignogan, ils obligent leurs chevaux à faire une sorte de salut en passant devant la chapelle Saint-Eloi : ils croient que cette marque de déférence assure à leurs animaux la force, la vigueur et la santé.

Les hommes ont également des saints qui les favorisent et les protègent. Ainsi, la sonnette de saint Mériadec enlève la surdité, la petit cloche de Saint-Pol-de-Léon préserve du mal d'oreilles, la fontaine de la Clarté, à Baud, soulage les yeux malades, et la clef de saint Tujean, à Primelin, fait disparaître les maux de dents les plus douloureux. On vit même, pendant très longtemps, des hommes reconnaissants qui avaient une clef brodée dans le dos de leur veste.

Nous limiterons ces exemples par la guérison de la folie, privilège réservé à saint Briac. Les déshérités doivent le jour de sa fête et pendant sept années, franchir le seuil de la chapelle sans faire un faux pas ou tout est à recommencer. Ils sont soutenus par leurs proches qui les bousculent volontiers quand ils ne veulent plus avancer.

Quelques pardons possèdent aussi des particularités intéressantes ; celui de Coadout est un des plus curieux. Plus de cinq cents coqs sont offerts au saint et le plus gros est porté au sommet du clocher d'où il ne tarde pas à s'échapper. C'est alors une course folle, car le plus habile a la certitude d'avoir du bonheur pendant toute l'année. Les jeunes gens qui ne craignent pas le vertige vont grimper après le clocher de Plougrescant et attacher un flot de rubans à la queue du coq. L'honneur et un bol de vin sont la récompense du vainqueur.

Le pardon de Plougastel est renommé par ses anciens costumes et son marché aux oiseaux que les gamins vont dénicher et vendent après la première messe. Les mariages, à ce bourg, se célèbrent généralement le même jour, et il n'est pas rare de compter jusqu'à quinze couples de mariés au sortir de l'église. Les festins et les ripailles sont légendaires ; ce qu'on mange est prodigieux. Il y a quatre ans, trois noces réunirent 2,200 invités qu'on hébergea pendant la moitié d'une semaine. Les convives mangèrent assis dans des tranchées creusées au milieu des champs, consommèrent 75 barriques de vin et de cidre, et mangèrent 15 bœufs, 10 vaches, 30 veaux et un millier de poulets et de lapins.

Tous les mendiants, vrais ou faux — le métier est bon et plus d'un paysan revêt pour la circonstance des haillons qu'il replace ensuite pour l'année suivante — se rendent au pèlerinage de Saint-Jean-du-Doigt, le plus fréquenté après celui de Sainte-Anne. L'index du saint fait le 21 juin de nombreux miracles, et le lendemain, les miraclous — les guéris suivent la procession où les porteurs de bannières se livrent à un véritable tournoi. Il s'agit de maintenir droites les bannières souvent surchargées de plomb et de les passer sous l'arc de triomphe, ce qui est un véritable tour de force. Ceux qui réussissent, et ils sont peu nombreux, acquièrent une célébrité qu'ils conserveront pendant toute leur vie, mais à la suite des efforts qu'ils ont faits, ils reviennent souvent blessés pour le restant de leur existence.

La réputation du pardon du Faouët est grande encore dans l'ancien duché Breton. Les pèlerins, à leur arrivée, sonnent une cloche placée en plein air, sous une petite toiture, et les plus intrépides font le tour de la chapelle Saint-Bernard en se suspendant à des anneaux fixés dans le mur.

Depuis plus de dix siècles, les croyants ne pénètrent que pieds nus dans l'ancien cimetière de Laurivoaré, à côté de Brest, mais au grand jour, ils en suivent les murs en marchant sur les genoux. Près de la croix, sept pierres rondes représentent sept pains changés en pierre par saint Hervé à qui un fournier (un boulanger) avait refusé de faire l'aumône. Dans un village, les éclats d'un chêne privilégié préservent les maisons de l'incendie.

C'est dans la forêt de Cornoët, non loin de Quimperlé, que les fiancés donnent la liberté à des couples de mésanges et de fauvettes enfermés dans des cages et qu'ils augurent, selon leur vol, de bons ou de mauvais jours pour l'avenir.

Nous allons clore cette liste déjà longue pour ne pas la rendre monotone. Nous ne le ferons cependant qu'après avoir signalé la table Saint-Yves sous laquelle on passe en faisant un vœu généralement exaucé, et en indiquant une coutume qui existe à Saint-Pol-de-Léon depuis une époque immémoriale. Chaque fois qu'une personne entre dans l'agonie, la cloche tinte le glas des morts et dans toutes les maisons les familles récitent une prière pour celui qui va mourir.

A l'île de Sein, les femmes déposent du goëmon dans le cercueil des pêcheurs afin que leur sommeil soit plus doux dans l'éternité ; au pays de Plounéour, le jour des Trépassés, les parents de ceux qui moururent dans l'année réservent une place à leur table et mettent des galettes de blé noir dans le couvert des absents ; enfin, à la Toussaint, sur certains points de la côte, des veuves jettent dans la mer des couronnes voilées de crêpes en souvenir des disparus pendant les tempêtes.

Dans les campagnes, on redoute toujours le cri de la chouette et le feu follet, on croit encore aux revenants, aux esprits, aux génies malicieux, aux fées malfaisantes, aux « j'teux de sort ». Quel est celui qui n'a pas entendu passer le char de la mort près des maisons des agonisants ? Qui n'a pas aperçu les lavandières de nuit lavant les linceuls sur le bord des mares et des rivières ? Malheur aux imprudents qui approchent, elles les obligent à tordre leur propre suaire !

Ce récit pourrait s'arrêter ici.

Nous y ajouterons cependant quelques pages en souvenir des séjours que nous avons dû faire sur les bords de l'Océan, tout au sud de cette province, pour donner à nos enfants les soins que leur santé exigeait. Nous avions choisi cette contrée parce qu'à l'air salin et vivifiant de la mer s'ajoutent les parfums balsamiques des sapins qui bordent la côte, mais ce n'est plus la Bretagne bretonnante : les costumes, les mœurs, le pittoresque, tout a disparu.

Nous voulons parler de La Baule, du Pouliguen, de Pornichet, situés dans une admirable baie comprise entre Saint-Nazaire et Le Croisic.

Nous n'en ferons pas la description.

La physionomie des plages est d'ailleurs partout la même : des dunes ou des rochers, des casinos plus ou moins somptueux, des hôtels de premier et de second ordre, des villas, des châlets, des kers comme disent les Bretons. Sur le rivage, des tentes qu'on dresse le matin et enlève le soir, des cabines qu'on avance et recule selon l'importance des marées, parfois aussi, des voitures fermées qui conduisent les baigneurs jusqu'aux premières lames.

Dans la plage de galets l'eau est moins trouble et le touriste n'est pas incommodé par le sable quand le vent souffle, mais la vraie plage, celle qui fait le bonheur des enfants, c'est la plage sablonneuse, la longue plage unie dont les bords se confondent avec l'horizon. Toutes les familles s'y réunissent à marée haute. Les intrépides braquent leurs objectifs, les hommes lisent des journaux ou causent entre eux, les femmes, assises sur des pliants, font de la broderie en surveillant leurs enfants.

Il faut les voir ces chers petits avec quelle joie ils prennent une large provision de santé! Les plus jeunes creusent des trous avec une pelle qu'ils oublient souvent, et leurs aînés élèvent de véritables forteresses entourées de larges fossés qu'ils abritent sous les plis d'un drapeau; malheureusement la vague arrive et détruit en quelques minutes le travail de plusieurs heures. Puis ce sont les promenades à âne, les dégringolades folles dans les dunes, les groupes formés autour des marchands de gâteaux et de croissants, et, à Berck, autour des vaches que l'on amène pour en vendre le lait tout chaud, tout mousseux. Les baigneurs, vêtus de longs peignoirs blancs, sortent en courant de leurs cabines et ressemblent à des gens brusquement arrachés de leur sommeil. Ceux qui ne savent pas nager s'arrêtent à la corde et sautent pour couper les vagues; les autres, les forts, vont plus loin, surveillés par la barque de secours qui les rappelle à son de trompe lorsqu'ils s'écartent des limites imposées par les autorités locales. Souvent, des cris se font entendre: ce sont des enfants qui prennent leur premier bain.

Notre mignonne Thérèse pleurait bien fort aussi quand elle fit ses débuts sur la plage. Ses petits pieds étaient tout remplis de sable qu'elle ne pouvait enlever; son désespoir était immense. Nous lui montrions son frère Raymond, un gaillard qui avait déjà fait ses preuves, mais rien ne pouvait la consoler.

Je veux m'en aller, disait-elle en sanglotant, je ne reviendrai jamais, jamais.

Le lendemain, c'était elle qui demandait à revenir.

Le matin, à la fraicheur, quand la mer est retirée, ce sont des parties de bicyclette, de croquet, de tennis ; les enfants, jambes nues, barbottent dans l'eau tout en ramassant des coquillages qu'ils placent dans leur petit panier ; les amateurs de distractions saines vont chercher des palourdes, des bigorneaux, des coques, des moules toujours fraiches, toujours bonnes. Rien n'est amusant comme la pêche à la crevette avec le grand filet qu'on pousse devant soi... elles sont légions les crevettes... mais si vite parties. Et le vilain crabe qui marche avec ses six pattes sur le côté ? Voyez comme il s'enfonce dans le sable humide ? Les plus beaux se trouvent dans les trous, sous les algues... seulement ils vous pincent les doigts si on ne les attrape pas adroitement. Les dormeurs se tapissent sous les roches, entre les grosses pierres velues... Ce sont les plus difficiles à prendre, ce sont aussi les meilleurs.

Les journées passent rapidement.

C'est l'arrivée et le départ des pêcheurs, les promenades en bateau, les excursions dans les iles, les feux d'artifice tirés sur la grève, les fêtes de charité organisées pour les malheureux, et pour la société élégante qui recherche la vie mondaine, les équipages et le grand luxe des toilettes. Ce sont aussi les flâneries sans fin dans le chemin des douaniers et sur la côte en pente douce, les arrêts près des barques couchées sur la quille, la contemplation des vagues qui viennent mourir sur l'or mat du sable. Certains jours, le ciel s'obscurcit, le vent s'élève, l'air devient plus frais ; les enfants mettent leur pèlerine ou leur pelisse, et les parents inquiets reviennent en hâtant le pas, craignant les refroidissements toujours funestes aux santés délicates.

Tous les ans on bénit la mer. La procession sort de l'église, prend le chemin qui conduit à la plage et passe entre les chalets décorés de mousselines de couleurs et de devises fleuries. Les petits garçons et les fillettes portant des oriflammes rose et ciel ouvrent la marche, les jeunes filles vêtues de blanc suivent, tenant les cordons de la bannière, entourant la statue de la Vierge que les enfants de Marie soutiennent sur leurs épaules. Le cortège traverse la trouée faite dans les dunes recouvertes de gazon marin et d'œillets sauvages, puis devant les flots qui brillent ou qui sont tachés d'ombre, la foule s'agenouille et le prêtre donne la bénédiction.

De temps à autre il arrive des trains de plaisir : il se produit alors un mouvement inaccoutumé. Les excursionnistes envahissent le rivage et gaiement, avec un sans-gêne amusant, s'installent sous les tentes et prennent possession des cabines. Les femmes, les jupes retroussées, portent leur vêtement sur le bras ; les hommes, le pantalon relevé, tiennent leurs bottines d'une main et le sac de voyage de l'autre. Quelques voyageurs, faute de place dans les hôtels, ont dû coucher au milieu des sapins ; ils se traînent harassés, brisés, attendant que sonne l'heure du retour...

Nous passions de délicieux moments quand, le soir, par un temps calme et une atmosphère tiède, nous pouvions aller nous étendre sur l'épais tapis de sable qui borde la côte. La plage était déserte, aucun bruit terrestre n'arrivait jusqu'à nous ; seule, comme une douce plainte, la voix de la mer se faisait entendre. Dans le lointain, des feux signalaient le passage des bateaux de pêche et la lumière blanche des phares se projetait sur les flots ; quelquefois un nuage s'entr'ouvrait pour laisser passer la lueur pâle de la lune, puis l'obscurité devenait plus profonde et le silence plus impressionnant. Longtemps nous restions là, immobiles, sous le charme d'une impression indéfinissable, bercés par le rythme des vagues, transportés par le souffle de la poésie. Nous revenions pensifs, sans échanger nos pensées, mais bientôt nous nous trouvions en présence du réalisme de la vie, le rêve était fini.

Les familles en vacances vont souvent à l'île de Noirmoutier surnommée le Jersey français. C'est une de leurs promenades favorites. Elles partent de Saint-Nazaire — la jolie ville moderne située sur l'estuaire de la Loire — et débarquent près d'un chaos de rochers, à côté du bois de la Chaise où abondent des chênes verts et des mimosas. La ville est quelconque, sauf cependant une ancienne abbaye flanquée de tours carrées.

Cette île se rattache insensiblement au continent, et déjà ses habitants s'y rendent à marée basse par une chaussée de cinq kilomètres pourvue de nombreux refuges. Les personnes qui, le soir, sont surprises par la mer, subissent des émotions qui dépassent toutes celles qu'il soit possible d'imaginer. Grimpées sur une sorte de perchoir, elles doivent rester toute la nuit au-dessus des flots, secouées à chaque instant par le mouvement des vagues et balancées par le vent du large.

L'excursion de Belle-Isle est aussi très suivie.

Nous y sommes allés du Croisic par un temps triste, gris et brumeux, et bien que les flots fussent peu agités, une vingtaine de personnes eurent le mal de mer pendant la traversée. On a l'habitude de sourire quand on parle de ce malaise qui est rarement dangereux, mais qui n'abandonne pas toujours le voyageur au moment où il met le pied à terre comme on le croit généralement. Les cas sont assez fréquents où l'indisposition se prolonge pendant quelques heures quand elle ne dure pas davantage : cela dépend des dispositions naturelles du patient, de l'intensité et de la violence des troubles qui l'ont atteint.

Un passager nous raconta qu'un soir, ayant voulu pêcher la sardine, il resta inerte et sans mouvement pendant huit heures au fond d'une barque, et qu'il fut sérieusement indisposé pendant les deux journées qui suivirent cette nuit mémorable.

Lorsque la mer est mauvaise, il arrive souvent que de nombreuses personnes sont affalées sur le plancher du pont comme de véritables loques, et qu'elles n'ont même pas la force de se soulever pour aller « donner à manger aux poissons ». Ce n'est pas à cet instant qu'il faut voir les toilettes claires, les écharpes blanches, les ombrelles de soie, les mouchoirs en dentelles ; charme, élégance, fierté, distinction, tout sombre quand la grande gueuse se met en colère.

Au moment où nous arrivâmes au Palais, la ville principale de Belle-Isle, une dame qui jusqu'alors avait victorieusement résisté aux attaques du roulis et du tangage, se leva toute pâle, prit une cuvette d'un geste automatique, et la tête basse, le visage décomposé, descendit dans les cabines. Elle avait échoué au port.

Le retour fut agréable pour tous : une vraie mer d'huile disaient les matelots. Le ciel était sans nuages, les côtes brillaient au loin, les îles paraissaient plus proches et les voiles des bateaux de pêche réflétaient leurs couleurs sur les vagues qui paraissaient dormir.

Le soleil descendait rapidement en éclairant de ses rayons dorés les flots qui remuaient à peine, et quand il commença à se cacher derrière l'Océan, la longue traînée lumineuse qui nous suivait en miroitant se couvrit de nuances pâles, puis de tons plus accentués, puis des teintes indécises que donne l'approche du crépuscule.

Nous pensions voir apparaître le fameux rayon vert tant recherché par ceux qui voyagent, mais une fois de plus nous fûmes déçus dans nos espérances. Ce rayon vert — une des couleurs du prisme que crée parfois la lumière solaire sur la transparence des eaux — se produit à l'instant où le disque embrasé vient de disparaître à l'horizon. Il dure deux secondes : l'espace d'un éclair. Puis, c'est fini. Ce spectacle est si rare qu'on ne l'attend pas sans anxiété, qu'on ne l'accueille pas sans transport et sans émotion.

Nous fixâmes la mer avec une attention recueillie, et au moment précis où tous les regards se concentraient sur la partie empourprée, une lueur violette traversa l'immensité. Ce fut un éblouissement, ce n'était pas le rayon vert.

Pour aller de Pornichet à Guérande et au Croisic, le chemin de fer traverse des marais salants d'une superficie de 19,000 hectares qui ressemblent à d'immenses damiers. De loin, les tas de sel font songer à des amas de neige ou aux tentes d'un camp.

C'est à partir de mai que l'eau est amenée par des canaux dans de larges réservoirs et, en juin,

conduite par de petits passages à divers compartiments communiquant entr'eux par des vannes. Ces compartiments sont disposés d'une telle façon que l'eau coule naturellement de l'un à l'autre, et que leur profondeur diminue à mesure qu'ils s'éloignent des premiers bassins, « les chauffoirs », servant au travail d'évaporation. Quant aux derniers damiers, les « œillets », comme on les appelle, ils n'ont plus que deux centimètres de hauteur d'eau. Ce sont eux qui, en quarante-huit heures, achèvent la préparation du sel.

Le sel formé, les paludiers (1) le retirent à l'aide de longs rateaux de bois et le déposent provisoirement sur des digues étroites qui séparent les damiers; ils le placent ensuite dans des jates qu'ils portent en courant sur les chemins voisins et établissent des mulons, c'est-à-dire des tas énormes. Lorsque la vente n'est pas active, ces mulons restent plusieurs années sur place, mais ils sont alors recouverts de terre glaise afin que la pluie glisse et ne puisse atteindre le sel.

Le Croisic est un bourg maritime de 2,100 habitants dissimulé au fond de la baie du Traict. Celui qui villégiature dans les plages voisines y vient volontiers passer quelques heures. Ce qui intéresse, ce sont les bains Valentin, les vieilles maisons de granit des quais, la poissonnerie, l'hôtel du duc d'Aiguillon, l'église Notre-Dame de la Pitié, et la butte Mont-Esprit d'où l'on découvre une vue très étendue sur la presqu'île. Un bac à vapeur conduit rapidement à l'hôpital scrofuleux de Pen-Bron.

Qui ne connait Guérande, la ville curieuse à l'aspect féodal? Qui n'a vu ses promenades, ses fos

(1) Nom que l'on donne aux ouvriers chargés de la préparation du sel

sés, sa ceinture de remparts restée intacte, ses tours à créneaux et à machicoulis, ses portes couvertes de lierre, ses manoirs entourés de murs terminés en biseau, ses rues étroites et tortueuses ? Qui n'a visité Notre-Dame de la Blanche datant de six siècles ? Qui ne s'est arrêté devant les fins retables, les stalles ouvragées, les fenêtres à six meneaux, les sculptures bizarres des chapiteaux de l'église Saint-Aubin, et fait rare, devant sa chaire extérieure ?

Nous sommes allés deux fois aux courses de Guérande, et à l'une d'elles, au moment de pénétrer dans l'enceinte réservée aux places payantes, nous assistâmes aux mésaventures d'un brave paysan qui, voulant entrer sans bourse délier, macula ses habits de goudron dont était enduite la palissade et, voulant l'enjamber, eut son pantalon traversé par un des nombreux piquets qui soutenaient la légère clôture. Des personnes charitables prirent en pitié la mauvaise fortune du malencontreux Breton, et, à la grande joie des spectateurs, le hissèrent et le délivrèrent du maudit piquet pendant que, tout penaud, confus, le héros de la journée regardait avec effarement les larges déchirures qui mettaient à découvert certaines parties charnues de son individu. Il ne dut pas rire le soir en rentrant à la maison !

Terminons par quelques lignes sur Nantes, l'ancienne résidence des ducs de Bretagne, la ville rendue célèbre par l'édit de tolérance que signa Henri IV, par Chalais qui paya de sa tête le complot fomenté contre Richelieu, par les noyades du féroce Carrier qui, en quatre mois fit 8,000 victimes.

Devant le large fleuve qui souvent roule des

eaux troubles et grisâtres, la vieille forteresse du Château est toujours imposante avec son pont-levis, ses murs élevés, ses fossés profonds et ses tours à créneaux. C'est dans cette citadelle que la duchesse Anne épousa Charles VII et que furent emprisonnés le surintendant Fouquet, le cardinal de Retz et la duchesse de Berry. Cette dernière — accusée d'avoir organisé une révolte — s'était réfugiée avec des amis dans une cachette dissimulée derrière une plaque de cheminée, mais des soldats ayant fait du feu pour se réchauffer, elle dut sortir pour ne pas être étouffée par la fumée.

Du Château, on aperçoit la cathédrale Saint-Pierre dont les voûtes épaisses recouvrent l'admirable tombeau du général Lamoricière, une des œuvres principales du sculpteur Dubois, et le mausolée de François II, véritable merveille de la Renaissance due au ciseau de Michel Colomb.

Signalons encore la Bourse, le Jardin des Plantes, la rue Crébillon, le passage Pommeraye, la place Royale, la statue de l'intrépide Cambronne, les anciennes maisons des riches armateurs, et enfin le chemin de fer qui passe entre la Loire et le boulevard comme un simple tramway à vapeur, séparé seulement de la chaussée par une petite grille et quelquefois même par une chaîne souvent défaite.

Une dernière visite à la place où fut fusillé Charette, le vaillant chef vendéen, et l'on peut quitter les Nantais qui, bien que fiers de leurs jours d'autrefois, ne veulent pas avouer leur origine bretonne. Il est permis de sourire quand, sur les quais de la gare, au moment du départ des trains pour la direction de Quimper, on entend les employés s'écrier :

— Les voyageurs pour la Bretagne, en voiture !

Nous avons fini.

En revenant de la mer, nous traversions l'admirable vallée de la Loire au milieu de laquelle des châteaux et des ruines se dressent à chaque pas comme des témoins des heures heureuses et sombres du passé. C'est le château de Blois qui rappelle François Ier recevant fastueusement Charles-Quint, Henri III faisant assassiner le duc de Guise, Louis XIII y reléguant sa mère; c'est le château d'Amboise au balcon duquel furent accrochées les têtes des chefs de la fameuse conjuration, le château des ducs d'Anjou si étroitement liés aux destinées du royaume, le château de Chaumont recherché de Diane de Poitiers et de Catherine de Médicis qui fit venir l'astrologue Ruggieri. C'est aussi le château de Plessis-les-Tours où rôde l'ombre du roi Louis XI, le château de Loches dont les cachots se rappellent les plaintes de La Balue enfermé dans sa propre cage, le château de Chinon toujours rempli des souvenirs de Jeanne d'Arc et de Charles VII. Ce sont les donjons de Beaugency et d'Oudon, les restes de la sombre demeure de Gilles de Retz légendaire par ses crimes et sa cruauté, les ruines du château du jeune marquis de Cinq-Mars exécuté pour avoir attaqué le redoutable cardinal.

Faut-il citer encore les châteaux de Luynes, de Vendôme, de Saumur, de Chenonceaux, de Chambord, de Montsoreau, de Langeais, d'Ancenis, qui résonnent comme des coups de clairon dans les fastes de notre grand pays ? Qu'importe si quelques pages de notre histoire sont écrites avec du sang ! pour nous, glorieuse ou mutilée, c'est toujours la France.

Bernay. — Imprimerie H. MIAULLE

www.ingramcontent.com/pod-product-compliance
Lightning Source LLC
LaVergne TN
LVHW020341230826
846091LV00003B/951
* 9 7 8 2 0 1 2 8 7 5 6 8 5 *